Curso MAD360

SE05

*La diferencia entre aprobar
y sacar plaza*

AGRUPACIÓN PROFESIONAL DE PERSONAL FUNCIONARIO

Subalterno

COMUNIDAD AUTÓNOMA DE GALICIA

Si aún no dispones de tu **Curso MAD360**, te ofrecemos un acceso GRATIS de 30 días para que disfrutes de los siguientes recursos:

AF276564

- Técnicas de Memoria 360.
- MADTEST: Test *online* Nivel PRO.
- Temario en formato digital.
- Vídeos.
- Planificación de estudio.
- Foro entre opositores hasta la fecha del examen.*
- Recursos y novedades exclusivas.
- Consúltanos sobre tu oposición y proceso selectivo.
- Actualizaciones legislativas (Boletines Oficiales) hasta 60 días antes de la fecha del examen.*

Para acceder a esta prueba del Curso MAD360** será necesaria la compra de todos los libros para esta especialidad de la edición 2025.

Regístrate en **mad.es/iniciar-sesion** y en la pestaña MIS CURSOS valida los códigos que encuentras en la última página de tus libros.

NOTA IMPORTANTE:

* Examen de esta categoría profesional correspondiente a la convocatoria publicada en el DOG n.º 123, de 30 de junio de 2025, o hasta el 31 de agosto de 2026, lo que se cumpla antes, y previa renovación del servicio.

** El acceso al CURSO MAD360 estará disponible desde agosto de 2025 (algunos recursos podrían estar disponibles en fecha posterior). Tendrá una duración de 30 días RENOVABLES mediante pago, desde la validación de códigos, o hasta el 28 de febrero de 2027, lo que se cumpla antes.

MAD se reserva el derecho a ampliar dichas fechas.

Subalterno de la Comunidad Autónoma de Galicia

Agrupación profesional
de personal funcionario

Septiembre 2025

Subalterno de la Comunidad Autónoma de Galicia

Agrupación profesional de personal funcionario

Test del temario

Autores

JOSEFA GUILLERMA GANCEDO CONS
Licenciada en Derecho
Jefa de Servicio de Administración Empresarial en la Xunta de Galicia

FRANCISCO JESÚS TORRES FONSECA
Licenciado en Derecho

LIDIA MARINA PONCE MARTÍNEZ
Licenciada en Psicología
Máster en Terapia Familiar y de Sistemas

© 7 Editores Recursos para la Cualificación Profesional y el Empleo, S.L. (7 Editores)
© Los autores
Primera edición, septiembre 2025 (190 páginas)
Derechos de edición reservados a favor de 7 Editores
IMPRESO EN ESPAÑA
Diseño Portada: 7 Editores
Edita: 7 Editores
Avda. San Francisco Javier, 9 · Edificio Sevilla 2 · Planta 11 · Módulos 25-27 · 41018 Sevilla
Teléfono: 954 784 411 · WEB: www.mad.es · e-mail: administracion@7editores.com
ISBN: 978-84-142-9890-9
© "Editorial Mad" y "Eduforma" son nombres comerciales registrados de
7 Editores Recursos para la Cualificación Profesional y el Empleo, S.L.

Índice

TEST PARTE GENERAL

La Constitución Española de 1978: Títulos Preliminar, I, II y Capítulo I del Título III

1. ¿En qué se fundamenta la Constitución Española?

a) En un Estado social y democrático de Derecho.
b) En la indisoluble unidad de la Nación española.
c) En la independencia de los poderes del Estado.
d) En la organización territorial del Estado.

2. Según el artículo 3 de la CE, el castellano es la lengua oficial del Estado y todos los Españoles:

a) Tienen el deber de usar y el derecho de conocer el castellano.
b) Tienen el derecho y el deber de conocer el castellano.
c) Tienen el deber de conocer y el derecho de usar el castellano.
d) Tienen el derecho de conocer y usar el castellano.

3. La Constitución Española reconoce y garantiza el derecho a la autonomía:

a) De las nacionalidades que la integran.
b) De las regiones que la integran.
c) De las Comunidades Autónomas que la integran.
d) De las nacionalidades y regiones que la integran.

4. El Preámbulo de la Constitución:

a) Tiene en sí carácter de norma jurídica.
b) Es una declaración de intenciones, destinada a interpretar lo que se quiere alcanzar con el contenido normativo de la Constitución.
c) Se trata de un texto sin fuerza jurídica de obligar.
d) Las respuestas b) y c) son correctas.

5. Señala la afirmación correcta, respecto de la aprobación, ratificación y publicación de la Constitución Española:

a) Aprobada por las Cortes el 31 de octubre de 1978, ratificada por el pueblo en referéndum el 6 de diciembre de 1978 y publicada el 29 de diciembre de 1978.

b) Aprobada por las Cortes el 30 de octubre de 1978, ratificada por el pueblo en referéndum el 16 de diciembre de 1978 y publicada el 27 de diciembre de 1978.

c) Aprobada por las Cortes el 31 de octubre de 1978, ratificada por el pueblo en referéndum el 16 de diciembre de 1978 y publicada el 29 de diciembre de 1978.

d) Aprobada por las Cortes el 10 de octubre de 1978, ratificada por el pueblo en referéndum el 26 de diciembre de 1978 y publicada el 30 de diciembre de 1978.

6. ¿En qué parte de la Carta Magna se establece la exposición de motivos que impulsan la norma constitucional y los objetivos que con ella se pretenden alcanzar?

a) En el Título preliminar.
b) En el Preámbulo.
c) En el Título I.
d) En el Título II.

7. La Constitución Española fue sancionada por:

a) El Rey.
b) El Presidente del Congreso.
c) Las Cortes Generales.
d) El Presidente del Gobierno.

8. ¿Cuáles de los siguientes españoles de origen pueden ser privados de su nacionalidad?

a) Exclusivamente los miembros de grupos terroristas.

b) Los miembros de grupos terroristas y los que atenten contra el Rey u otro miembro de la Casa Real.

c) Los que atenten contra un miembro de la Familia Real o del Gobierno de la Nación.

d) Ningún español de origen podrá ser privado de su nacionalidad.

9. Según la CE son fundamentos del orden político y la paz social:

a) La dignidad de la persona, los derechos violables que les son inherentes y el respeto a la ley.

b) La dignidad de la persona, el desarrollo limitado de la personalidad y el respeto a la ley.

c) El respeto a la ley, a los reglamentos administrativos y demás disposiciones legales.

d) La dignidad de la persona, los derechos inviolables que le son inherentes, el libre desarrollo de su personalidad, el respeto a la ley y a los derechos de los demás.

10. ¿Cuál de los siguientes es considerado por la CE como uno de los valores superiores del ordenamiento jurídico?

a) La jerarquía normativa.
b) El pluralismo político.
c) La publicidad normativa.
d) La equidad.

11. La forma política del Estado español es:

a) Democracia parlamentaria.
b) Gobierno parlamentario.
c) Monarquía parlamentaria.
d) República democrática.

12. La parte de la CE que regula la estructura de los principales órganos del Estado recibe el nombre de:

a) Parte dogmática.
b) Parte orgánica.
c) Parte estatal.
d) Parte estructural.

13. Según la CE, la soberanía nacional:

a) Corresponde a las Cortes Generales, al estar compuestas por los representantes del pueblo.
b) Corresponde al Rey.
c) Reside en el pueblo español.
d) Corresponde al Gobierno de la Nación elegido directamente por el pueblo.

14. El derecho a la propiedad según nuestra Constitución es un Derecho:

a) Inherente a la condición humana.
b) Absoluto.
c) Limitado por la función social de la misma.
d) Ninguna de las respuestas anteriores es correcta.

15. ¿En qué parte de la Carta Magna se señalan los valores superiores del ordenamiento jurídico?

a) En el Preámbulo.
b) En el Título Preliminar.
c) En el Título I.
d) Ninguna respuesta es correcta.

16. ¿Cuál de las siguientes es una de las características de nuestra Constitución de 1978?

a) Consensuada.
b) Corta.
c) Conservadora.
d) Originalidad.

17. Son el fundamento del orden político y de la paz social:

a) El libre desarrollo de la personalidad.
b) Los derechos inviolables que les son inherentes.
c) El respeto a la ley y a los derechos de los demás.
d) Todas las respuestas son correctas.

18. Las primeras elecciones democráticas celebradas en España tras la muerte de Franco tuvieron lugar en:

a) 1975.
b) 1976.
c) 1977.
d) 1978.

19. El referéndum en el que se aprobó popularmente la Constitución se llevó a efecto el:

a) 27 de diciembre de 1978.
b) 6 de diciembre de 1978.
c) 31 de octubre de 1978.
d) 29 de diciembre de 1979.

20. La ponencia encargada de redactar el borrador de la Constitución se constituyó en el:

a) Senado.
b) Senado y Congreso de los Diputados.
c) Congreso de los Diputados.
d) Gobierno de la Nación.

21. Si un poder público, en su actuación, infringe lo dispuesto en el Preámbulo de la Constitución:

a) Incurre en nulidad.
b) Incurre en inconstitucionalidad.
c) No pasa nada salvo que, como consecuencia de esa actuación, se infrinja un artículo de la propia Constitución.
d) Nada de lo anterior es cierto.

22. El principio en virtud del cual el ciudadano está amparado por una legislación no sujeta a continuos vaivenes es el de:

a) Legalidad.
b) Publicidad normativa.
c) Seguridad jurídica.
d) Jerarquía normativa.

23. El principio en virtud del cual un Reglamento no puede contradecir una ley es el de:

a) Legalidad.
b) Jerarquía normativa.
c) Las respuestas a) y b) son correctas.
d) Seguridad jurídica.

24. Según la Constitución, una norma que imponga una nueva pena más leve para un delito:

a) No se aplica retroactivamente.
b) Puede aplicarse retroactivamente.
c) Ha de ser reglamentaria.
d) Atenta contra el principio de legalidad penal si se aplica retroactivamente.

25. Todos los españoles, respecto al castellano, tienen el:

a) Derecho-deber de conocerlo.
b) Derecho de usar y deber de conocerlo.
c) Derecho-deber de usarlo.
d) Nada de lo anterior.

26. La capital del Estado en España es:

a) La propia de cada Comunidad Autónoma.
b) La villa de Madrid.
c) Aquella donde se establezca en cada momento el Gobierno de la Nación.
d) Aquella en la que resida generalmente el Rey.

27. El pluralismo político, para nuestra Constitución, es un/una:

a) Principio General del ordenamiento político.
b) Valor superior del ordenamiento jurídico.
c) Principio rector de la política social y económica.
d) Derecho fundamental.

28. La forma política del Estado español es:

a) Unitaria y regionalizada.
b) Federal.
c) La Monarquía Parlamentaria.
d) La propia de un Estado Social y Democrático.

29. La justicia, según nuestra Constitución, es un/una:

a) Principio de nuestro ordenamiento jurídico.
b) Valor superior del anterior.
c) Manifestación del Estado democrático.
d) Todo lo anterior.

30. Un español de origen puede perder esta nacionalidad:

a) Por sanción administrativa.
b) Cuando libremente renuncie a la misma.
c) Por condena penal.
d) En ningún caso.

31. Constituye el fundamento del orden público y de la paz social, según la Constitución, el/la/los:

a) Derechos inviolables inherentes a la persona.
b) Estado social y democrático de Derecho.
c) Seguridad jurídica.
d) Justicia.

32. Las Comunidades Autónomas deben usar o instalar la bandera española:

a) En sus edificios.
b) En los actos oficiales.
c) Cuando lo solicite el Delegado del Gobierno de la Nación en las mismas.
d) Cuando lo estimen oportuno.

33. Deben tener una estructura interna y un funcionamiento democrático los/las:

a) Partidos Políticos.
b) Colegios Profesionales.
c) Organizaciones Profesionales.
d) Todos ellos.

34. La defensa de la integridad territorial de España se atribuye por la Constitución a/al/a las:

a) Fuerzas y Cuerpos de Seguridad.
b) Fuerzas Armadas.

c) Gobierno de la Nación.
d) Todas las anteriores.

35. Según la Constitución, el Estado es:

a) Apolítico.
b) Aconfesional.
c) De bienestar social.
d) Federal.

36. El derecho a la vida se consagra en el siguiente artículo de la Constitución:

a) 10.
b) 16.
c) 15.
d) 24.

37. La pena de muerte en España:

a) Ha quedado abolida.
b) Puede aplicarse en cualquier momento.
c) Solo se aplicará, en tiempo de guerra, a los militares.
d) Rige solo en el ámbito civil.

38. La inmediata puesta a disposición judicial derivada del habeas corpus, se produce por:

a) Detención ilegal.
b) Prisión ilegal.
c) Prisión preventiva.
d) Detención preventiva.

39. El proceso en el que se enjuicie a un presunto delincuente debe:

a) Ser sumario.
b) No dilatarse.
c) Entorpecer los instrumentos probatorios.
d) Nada de lo anterior es cierto.

40. La entrada en un domicilio en caso de flagrante delito, sin autorización de su titular:

a) Puede dar lugar a la aplicación del habeas corpus.
b) Requiere autorización previa de la autoridad judicial.
c) Puede efectuarse en todo momento.
d) No puede realizarse en momento alguno.

41. Cuando, al conocerse la comisión de un delito por una persona, se acude a su domicilio para detenerla:

a) Está obligada a franquear la entrada.

b) Se necesitará autorización judicial para entrar, si no da su consentimiento para ello.

c) Pese a que no dé su consentimiento, se puede entrar.

d) Nada de lo anterior es correcto.

42. La autorización previa para celebrar una manifestación pública:

a) La da el Subdelegado del Gobierno en la Provincia.

b) Es ineludible.

c) Sería inconstitucional.

d) Se da cuando no se prevean alteraciones al orden público, con peligro para personas o bienes.

43. El tipo de sufragio que consagra la Constitución es el:

a) Proporcional.

b) Universal.

c) Censitario.

d) Las respuestas a) y b) son correctas.

44. Además de la no autoinculpación, la Constitución prevé que no se está obligado a declarar sobre un hecho presuntamente delictivo en caso de:

a) Parentesco y afinidad.

b) Cláusula de conciencia.

c) Secreto profesional.

d) Las respuestas a) y b) son correctas.

45. Los Tribunales de Honor están prohibidos respecto de los/la/las:

a) Sindicatos y Organizaciones Profesionales.

b) Administración Civil y Militar.

c) Organizaciones Profesionales y la Administración Civil.

d) Todas las respuestas anteriores son correctas.

46. El secreto profesional, constitucionalmente, sirve para:

a) Ejercer con libertad una profesión titulada.

b) La libertad de creación científica y técnica.

c) No declarar sobre hechos presuntamente delictivos.

d) Todo lo anterior.

47. La fundación de una Internacional Sindical por un sindicato español:

a) Es libre.
b) Está prohibida.
c) Debe plasmarse en un Tratado Internacional.
d) Nada de lo anterior es cierto.

48. El ejercicio del derecho de petición a través de una manifestación ciudadana:

a) No se admite.
b) Se admite en algún caso.
c) Se admite, salvo para los militares.
d) Ni se admite ni se prohíbe.

49. Nuestro sistema tributario ha de ser:

a) Regresivo e igualitario.
b) Progresivo y generalizado.
c) Confiscatorio.
d) Justo y regresivo.

50. La asistencia de todo orden a los hijos habidos extraconyugalmente:

a) No está prevista en la Constitución.
b) Es un deber de los padres.
c) Se dispensará por Instituciones de Beneficencia.
d) Se dispensa solo a los que de ellos tengan discapacidad.

51. La especulación urbanística, según la Constitución:

a) Debe evitarse.
b) Está permitida.
c) Genera plusvalías para la colectividad.
d) Pueden hacerla los poderes públicos.

52. No es susceptible de recurso de amparo el derecho a la/de:

a) Sindicación.
b) Investigación científica.
c) Secreto de las comunicaciones.
d) Lo son todos ellos.

53. No es susceptible de recurso de amparo el derecho de:

a) Libertad de cátedra.
b) Negociación colectiva.

c) Manifestación.
d) Huelga.

54. Es susceptible de recurso de amparo el derecho de/a la:

a) Libre sindicación.
b) Petición.
c) Cláusula de conciencia.
d) Lo están todos ellos.

55. Una vez declarado el estado de excepción no se puede suspender el derecho/ libertad de:

a) Huelga.
b) Enseñanza.
c) Adopción de medidas de conflicto colectivo.
d) Libertad de circulación.

56. Durante el estado de excepción, un detenido conserva el derecho de/a:

a) Setenta y dos horas para ser puesto a disposición judicial.
b) Secreto de comunicaciones.
c) Asistencia de Letrado.
d) Ninguno de ellos.

57. Se puede suspender, con motivo de investigaciones relativas a bandas armadas, el derecho de:

a) Huelga.
b) Inviolabilidad del domicilio.
c) Libertad de circulación.
d) Las respuestas b) y c) son correctas.

58. Según la Constitución Española, arbitra y modera el funcionamiento regular de las instituciones:

a) El Presidente del Gobierno.
b) El Rey.
c) El Estado.
d) Los tribunales de Justicia.

59. Las abdicaciones y renuncias se resolverán:

a) Por ley.
b) Por decreto ley.

c) Por decisión de las Cortes Generales.
d) Por ley orgánica.

60. Si no hubiese a quien corresponda la Regencia, esta será nombrada por:

a) Las Cortes Generales.
b) El Congreso de los Diputados.
c) El Senado.
d) El Gobierno.

61. No necesita de refrendo:

a) Declarar la guerra y hacer la paz.
b) Expedir los decretos acordados en Consejo de Ministros.
c) Nombrar y relevar a los miembros civiles y militares de la Casa Real.
d) Todos los actos del Rey necesitan refrendo.

62. ¿A quién corresponde manifestar el consentimiento del Estado para obligarse por medio de tratados?

a) Al Rey.
b) Al Gobierno.
c) Al Estado.
d) Al Presidente del Gobierno.

63. La asunción de funciones constitucionales por la Reina consorte:

a) Está prevista como regla general.
b) Depende de la voluntad del Rey.
c) Está prohibida.
d) Está limitada.

64. La tutoría del Rey puede recaer en:

a) Cualquier persona nombrada por las Cortes Generales, en su caso.
b) Sus hijos.
c) Una, tres o cinco personas.
d) Nada de lo anterior es cierto.

65. Una hija del Príncipe de Asturias ostentará este tratamiento:

a) Cuando su padre acceda a la condición de Rey, si es la primogénita, aunque tenga hermanos varones.
b) Al morir su padre.
c) Al acceder a Rey su padre, si no tiene hermano varón.
d) Cuando delegue en ella el propio Príncipe.

66. La Regencia se ejerce:

a) Por mandato del Rey.
b) En nombre de este.
c) Por mandato constitucional.
d) Las respuestas b) y c) son correctas.

67. La dirección de la defensa del Estado es competencia genuina del/de las:

a) Rey.
b) Fuerzas Armadas.
c) Gobierno de la Nación.
d) Todos ellos.

68. El refrendo de los actos del Rey está íntimamente relacionado con:

a) Su irresponsabilidad política.
b) Su inhabilitación.
c) La Regencia.
d) Sus poderes discrecionales.

69. En caso de que el Rey sea menor de edad:

a) No tomará posesión de su cargo hasta su mayoría de edad.
b) Ejercerá la Regencia el Príncipe heredero.
c) Ejercerá la Regencia su cónyuge.
d) Nada de lo anterior es cierto.

70. Si el Príncipe heredero tuviera descendientes y renunciara a sus derechos al trono:

a) Su cónyuge ejercería la Regencia hasta que su primogénito varón fuere mayor de edad.
b) Su cónyuge ejercería la Regencia hasta que dicho primogénito fuera proclamado Rey.
c) Se nombraría Princesa heredera a su hermana mayor, si la hubiere.
d) Nada de lo anterior es cierto.

71. La presidencia por el Rey de las reuniones del Consejo de Ministros:

a) Se permite solo respecto de las decisorias.
b) Ha de efectuarse a petición del Presidente del Gobierno de la Nación.
c) Está prevista constitucionalmente para dirigir la Administración Civil y Militar.
d) Las respuestas a) y b) son ciertas.

72. El juramento lo prestará el Rey ante el/las:

a) Cortes Generales.
b) Gobierno de la Nación.

c) Miembros de la Familia Real.
d) Pueblo español.

73. Si se agotan todas las líneas llamadas a la sucesión en la Corona de España, se:

a) Nombran Regentes.
b) Proveerá a la sucesión en la Corona por las Cortes Generales.
c) Proclama la República.
d) Establece una Dictadura.

74. La inhabilitación del Rey se reconoce por el/los/las:

a) Gobierno de la Nación.
b) Congreso de los Diputados.
c) Cortes Generales.
d) Tres Poderes constitucionales.

75. El Regente nombrado en defecto de padre, madre, pariente mayor de edad o Príncipe heredero mayor de edad se designa por el/las:

a) Propio Rey.
b) Cortes Generales.
c) Congreso de los Diputados.
d) Consejo de Regencia.

76. ¿Quién proveerá a la sucesión en la Corona en la forma que más convenga a los intereses de España cuando estén extinguidas todas las líneas llamadas en Derecho?

a) El Presidente del Gobierno.
b) El Senado.
c) El Congreso de los Diputados.
d) Las Cortes Generales.

77. Si no hubiere ninguna persona a quien corresponda la Regencia, esta será nombrada por las Cortes Generales, y se compondrá de:

a) Una única persona.
b) Una o dos personas.
c) Una, tres o cinco personas.
d) De tres a seis personas.

78. ¿De qué plazo dispone el Rey para sancionar las leyes aprobadas por las Cortes Generales?

a) Lo más rápido posible, con un máximo de 48 horas.
b) Un semana.

c) Quince días.
d) Un mes.

79. Las Cámaras se reúnen en sesiones:

a) Ordinarias y extraordinarias.
b) Simples o conjuntas.
c) Ordinarias, extraordinarias y conjuntas.
d) Ordinarias, extraordinarias y de urgencia.

80. Para adoptar acuerdos, las Cámaras deben estar reunidas reglamentaria-mente y con asistencia de la mayoría de sus miembros. Dichos acuerdos, para ser válidos, deberán ser aprobados:

a) Por la mayoría de los miembros presentes.
b) Por mayoría absoluta de sus miembros.
c) Por los 3/5 de cada una de las Cámaras.
d) Por los 2/3 del conjunto de las Cámaras.

81. ¿En qué plazo deberá ser convocado el Congreso electo tras la celebración de elecciones?

a) Entre los 30 y 60 días siguientes.
b) Dentro de los 25 días siguientes.
c) Entre los 10 y 30 días siguientes.
d) Dentro de los 30 días siguientes.

82. En las causas contra Diputados y Senadores será competente:

a) La Sala de lo Civil del Tribunal Supremo.
b) La Sala de lo Social del Tribunal Supremo.
c) La Sala de lo Contencioso-Administrativo del Tribunal Supremo.
d) La Sala de lo Penal del Tribunal Supremo.

83. Las Diputaciones Permanentes estarán presididas por:

a) El diputado de mayor edad.
b) El diputado del grupo parlamentario más numeroso.
c) El Presidente del Gobierno.
d) El Presidente de la Cámara respectiva.

84. ¿Cuántos Senadores corresponderán a Menorca?

a) 1.
b) 2.

c) 3.
d) 4.

85. ¿Quién nombra al Presidente del Tribunal de Cuentas?

a) El Presidente del Congreso de los Diputados.
b) El Rey.
c) El Congreso de los Diputados.
d) El Pleno del Congreso de los Diputados.

86. ¿De qué órgano constitucional depende el Tribunal de Cuentas?

a) Del Gobierno.
b) Del Tribunal Supremo.
c) Del Congreso de los Diputados.
d) De las Cortes Generales.

87. Las sesiones conjuntas del Senado y del Congreso serán presididas:

a) Por el Rey.
b) Por el Presidente del Gobierno.
c) Por el Presidente del Congreso.
d) Por el Presidente del Senado.

88. ¿Cuánto tiempo dura el mandato del Presidente del Tribunal de Cuentas?

a) Cuatro años.
b) Cinco años.
c) Tres años.
d) Dos años.

89. Los Senadores por provincias se elegirán por:

a) Sufragio universal, libre, igual, directo y secreto.
b) Sufragio directo, libre, igual, directo y secreto.
c) Sufragio internacional, directo, igual y secreto.
d) Sufragio universal, libre, secreto, igual y secreto.

90. Para que un Diputado o Senador pueda ser inculpado o procesado será requisito indispensable:

a) Que así lo determine el Tribunal Supremo.
b) Que así lo determine el Tribunal Constitucional.
c) Que así lo determine la Audiencia Nacional.
d) Que así lo autorice su respectiva Cámara.

Solución al test n.º 1

1. b) En la indisoluble unidad de la Nación española.

2. c) Tienen el deber de conocer y el derecho de usar el castellano.

3. d) De las nacionalidades y regiones que la integran.

4. d) Las respuestas b) y c) son correctas.

5. a) Aprobada por las Cortes el 31 de octubre de 1978, ratificada por el pueblo en referéndum el 6 de diciembre de 1978 y publicada el 29 de diciembre de 1978.

6. b) En el Preámbulo.

7. a) El Rey.

8. d) Ningún español de origen podrá ser privado de su nacionalidad.

9. d) La dignidad de la persona, los derechos inviolables que le son inherentes, el libre desarrollo de su personalidad, el respeto a la ley y a los derechos de los demás.

10. b) El pluralismo político.

11. c) Monarquía parlamentaria.

12. b) Parte orgánica.

13. c) Reside en el pueblo español.

14. c) Limitado por la función social de la misma.

15. b) En el Título Preliminar.

16. a) Consensuada.

17. d) Todas las respuestas son correctas.

18. c) 1977.

19. b) 6 de diciembre de 1978.

20. c) Congreso de los Diputados.

21. c) No pasa nada, salvo que, como consecuencia de esa actuación, se infrinja un artículo de la propia Constitución.

22. c) Seguridad jurídica.

23. c) Las respuestas a) y b) son correctas.

24. b) Puede aplicarse retroactivamente.

25. b) Derecho de usar y deber de conocerlo.

26. b) La villa de Madrid.

27. b) Valor superior del ordenamiento jurídico.

28. c) La Monarquía Parlamentaria.

29. b) Valor superior del anterior.

30. b) Cuando libremente renuncie a la misma.

31. a) Derechos inviolables inherentes a la persona.

32. b) En los actos oficiales.

33. d) Todos ellos.

34. b) Fuerzas Armadas.

35. b) Aconfesional.

36. c) 15.

37. a) Ha quedado abolida.

38. a) Detención ilegal.

39. b) No dilatarse.

40. c) Puede efectuarse en todo momento.

41. b) Se necesitará autorización judicial para entrar, si no da su consentimiento para ello.

42. c) Sería inconstitucional.

43. b) Universal.

44. c) Secreto profesional.

45. c) Organizaciones Profesionales y la Administración Civil.

46. c) No declarar sobre hechos presuntamente delictivos.

47. a) Es libre.

48. a) No se admite.

49. b) Progresivo y generalizado.

50. b) Es un deber de los padres.

51. a) Debe evitarse.

52. b) Investigación científica.

53. b) Negociación colectiva.

54. d) Lo están todos ellos.

55. b) Enseñanza.

56. c) Asistencia de Letrado.

57. b) Inviolabilidad del domicilio.

58. b) El Rey.

59. d) Por ley orgánica.

60. a) Las Cortes Generales.

61. c) Nombrar y relevar a los miembros civiles y militares de la Casa Real.

62. a) Al Rey.

63. d) Está limitada.

64. a) Cualquier persona nombrada por las Cortes, en su caso.

65. c) Al acceder a Rey su padre, si no tiene hermano varón.

66. d) Las respuestas b) y c) son correctas.

67. c) Gobierno de la Nación.

68. a) Su irresponsabilidad política.

69. d) Nada de lo anterior es cierto.

70. c) Se nombraría Princesa heredera a su hermana mayor, si la hubiere.

71. b) Ha de efectuarse a petición del Presidente del Gobierno de la Nación.

72. a) Cortes Generales.

73. b) Proveerá a la sucesión en la Corona por las Cortes Generales.

74. c) Cortes Generales.

75. b) Cortes Generales.

76. d) Las Cortes Generales.

77. c) Una, tres o cinco personas.

78. c) Quince días.

79. c) Ordinarias, Extraordinarias y Conjuntas.

80. a) Por la mayoría de los miembros presentes.

81. b) Dentro de los 25 días siguientes.

82. d) La Sala de lo Penal del Tribunal Supremo.

83. d) El Presidente de la Cámara respectiva.

84. a) 1.

85. b) El Rey.

86. d) De las Cortes Generales.

87. c) Por el Presidente del Congreso.

88. c) Tres años.

89. a) Sufragio universal, libre, igual, directo y secreto.

90. d) Que así lo autorice su respectiva Cámara.

TEST N.º 2

Ley Orgánica 1/1981, de 6 de abril, del Estatuto de Autonomía de Galicia: Títulos Preliminar, I y II. Competencias: exclusivas, desarrollo legislativo y ejecución

1. La aprobación de los presupuestos de la Comunidad Autónoma de Galicia corresponde:

a) Al Presidente de la Xunta de Galicia.
b) A la Xunta de Galicia.
c) Al Congreso de los Diputados.
d) Al Parlamento de Galicia.

2. El Presidente del Tribunal Superior de Justicia de Galicia es nombrado:

a) Por el Presidente de la Junta, previo acuerdo del Parlamento de Galicia.
b) Por el Presidente del Gobierno, la propuesta de las Cortes Generales.
c) Por el Presidente del Gobierno, la propuesta del Consejo General del Poder Judicial.
d) Por el Rey, la propuesta del Consejo General del Poder Judicial.

3. El artículo 12.3 del Estatuto de Autonomía de Galicia dice que el Parlamento funcionará:

a) En Plenos y en Diputación Permanente.
b) En Plenos y en Comisiones, y se reunirá en sesiones ordinarias y extraordinarias.
c) En Plenos y en Mesas, y se reunirá en sesiones ordinarias.
d) En Pleno y en Diputación Permanente, y se reunirá en sesiones ordinarias y extraordinarias.

4. Como dice el artículo 15.3 del Estatuto de Autonomía de Galicia, el que propone al candidato a Presidente de la Xunta de Galicia es:

a) La Diputación Permanente.
b) El Parlamento Gallego en Pleno.

c) El Presidente del Parlamento.
d) El Rey.

5. Según el artículo 7.1 del Estatuto de Autonomía de Galicia, las comunidades gallegas asentadas fuera de Galicia podrán solicitar el reconocimiento de su galleguidad sin que en ningún caso implique la concesión de:

a) Derechos políticos.
b) Derechos culturales.
c) Subvenciones de la Xunta de Galicia.
d) Estatuto de autonomía.

6. En el marco de las normas básicas del Estado, corresponde a la Comunidad Autónoma:

a) El desarrollo legislativo y la ejecución del régimen de Radiodifusión y Televisión en los términos y casos establecidos en la Ley que regule el Estatuto Jurídico de la Radio y la Televisión.
b) El desarrollo legislativo y la ejecución del régimen de prensa y, en general, de todos los medios de comunicación social.
c) Son correctas a) y b).
d) No son correctas ninguna.

7. La Comunidad Autónoma de Galicia goza de autonomía plena. Indica que precepto constitucional fundamenta este proceso:

a) El artículo 143.
b) El artículo 151.
c) El artículo 148.
d) El artículo 150.

8. Indicar que Ley Orgánica aprobó el Estatuto de Autonomía de Galicia para que Galicia se constituyese en comunidad autónoma:

a) Ley Orgánica 1/1981, de 6 de abril.
b) Ley Orgánica 1/1982, de 6 de abril.
c) Ley Orgánica 1/1981, de 7 de abril.
d) Ley Orgánica 2/1981, de 6 de abril.

9. Los poderes de la Comunidad Autónoma de Galicia emanan de la Constitución, de su Estatuto de Autonomía y del:

a) Pueblo.
b) Gobierno.
c) Estado.
d) Municipio.

10. El Parlamento será elegido por un plazo de:

a) 2 años.
b) 4 años.
c) 5 años.
d) 3 años.

11. La bandera de Galicia es:

a) Blanca con una banda diagonal de color azul que la atraviesa desde el ángulo superior izquierdo hasta el inferior derecho.
b) Azul con una banda diagonal de color blanca que la atraviesa desde el ángulo superior izquierdo hasta el inferior derecho.
c) Blanca con una banda diagonal de color roja que la atraviesa desde el ángulo superior izquierdo hasta el inferior derecho.
d) Amarilla con una banda diagonal de color azul que la atraviesa desde el ángulo superior izquierdo hasta el inferior derecho.

12. El Estatuto de Autonomía de Galicia se estructura en:

a) Un Título Preliminar, 5 títulos más.
b) Un Título Preliminar, 4 títulos más.
c) Un Título Preliminar, 6 títulos más.
d) Cinco títulos.

13. El Título II del Estatuto de Autonomía de Galicia se refiere:

a) Al poder gallego.
b) A la Administración pública gallega.
c) A las competencias de Galicia.
d) A la economía y la hacienda.

14. La sede de las instituciones autonómicas se fijará:

a) Por ley del Parlamento de Galicia.
b) Por ley de las Cortes Generales.
c) Por decreto de la Xunta de Galicia.
d) Por acuerdo de la Xunta de Galicia.

15. ¿En qué artículo de la Constitución se consagra el derecho a la autonomía de las nacionalidades y regiones?

a) En el artículo 1.
b) En el artículo 2.
c) En el artículo 9.
d) Todas son falsas.

16. El Título VIII de la Constitución Española regula:

a) El gobierno y la administración.
b) La Corona.
c) La economía y hacienda.
d) La organización territorial del Estado.

17. Podrán acceder a su autogobierno y constituirse en Comunidades Autónomas:

a) Las provincias limítrofes con características históricas, culturales y económicas comunes.
b) Los territorios insulares.
c) Las provincias con entidad regional histórica.
d) Todas son correctas.

18. La doctrina mayoritaria afirma que el Estatuto de Autonomía es:

a) Una norma europea.
b) Una norma estatal.
c) Una norma autonómica.
d) Tanto una norma estatal, como una norma autonómica.

19. El Estatuto de Autonomía de Galicia se compone de:

a) 47 artículos.
b) 67 artículos.
c) 57 artículos.
d) 75 artículos.

20. Analizando las competencias de la Comunidad Autónoma gallega, la organización de las instituciones de autogobierno:

a) Es competencia exclusiva.
b) Es competencia concurrente.
c) Es competencia compartida.
d) Todas son falsas.

21. ¿Y la competencia sobre el régimen Jurídico de la Administración Pública de Galicia y régimen estatutario de sus funcionarios?

a) Es competencia exclusiva.
b) Es competencia concurrente.
c) Es competencia compartida.
d) Todas son falsas.

22 ¿Y la competencia sobre la ordenación del sector pesquero?

a) Es competencia exclusiva.
b) Es competencia concurrente.
c) Es competencia compartida.
d) Todas son falsas.

23. ¿Cuál de las siguientes no es una competencia compartida de la Comunidad Autónoma gallega?

a) Puertos pesqueros.
b) Régimen jurídico de los montes vecinales en mano común.
c) Establecimientos farmacéuticos.
d) Entidades cooperativas.

24. Aquellas competencias que ejerce de un modo exclusivo la Comunidad Autónoma y el Estado sobre una misma materia y que exigen, obviamente, una delimitación de cuál es el ámbito en el que una y otro ejercen con exclusividad sus respectivas competencias, se denominan:

a) Competencias exclusivas.
b) Competencias concurrentes.
c) Competencias compartidas.
d) No existen este tipo de competencias.

25. ¿Cuál de las siguientes afirmaciones no es correcta?

a) La Comunidad Autónoma gallega tiene competencias compartidas en materia de propiedad industrial.
b) La Comunidad Autónoma gallega tiene competencias compartidas en materia de ferias y mercados interiores.
c) La Comunidad Autónoma gallega tiene competencias exclusivas en materia de artesanía.
d) La Comunidad Autónoma gallega tiene competencias exclusivas en materia de promoción y la enseñanza de la lengua gallega.

26. La Ley 7/2011, de 27 de octubre, del turismo de Galicia desarrolla una competencia:

a) Exclusiva.
b) Concurrente.
c) Compartida.
d) Todas son falsas.

27. Sobre los puertos, aeropuertos y helipuertos calificados de interés general por el Estado, la Comunidad Autónoma de Galicia tiene competencia:

a) Exclusiva.
b) Concurrente.

c) Compartida.
d) Todas son falsas.

28. Corresponde a la Junta de Galicia:

a) Aprobar los reglamentos generales de sus propios tributos.
b) Elaborar las normas reglamentarias precisas para gestionar los impuestos estatales cedidos de acuerdo con los términos de dicha cesión.
c) Son correctas a) y b).
d) Ninguna es correcta.

29. Los poderes de la Comunidad Autónoma se ejercen a través de:

a) El Parlamento.
b) La Junta.
c) Su Presidente.
d) Todas son ciertas.

30. Son funciones del Parlamento de Galicia:

a) Ejercer la potestad legislativa de la Comunidad Autónoma.
b) Controlar la acción ejecutiva de la Junta, aprobar los presupuestos y ejercer las otras competencias que le sean atribuidas por la Constitución, por el Estatuto, por las leyes del Estado y las del Parlamento de Galicia.
c) Elegir de entre sus miembros al Presidente de la Junta de Galicia.
d) Todas son ciertas.

Solución al test n.º 2

1. d) Al Parlamento de Galicia.

2. d) Por el Rey, la propuesta del Consejo General del Poder Judicial.

3. b) En Plenos y en Comisiones, y se reunirá en sesiones ordinarias y extraordinarias.

4. c) El Presidente del Parlamento.

5. a) Derechos políticos.

6. c) Son correctas a) y b).

7. b) El artículo 151.

8. a) Ley Orgánica 1/1981, de 6 de abril.

9. a) Pueblo.

10. b) 4 años.

11. a) Blanca con una banda diagonal de color azul que la atraviesa desde el ángulo superior izquierdo hasta el inferior derecho.

12. a) Un título preliminar, 5 títulos más.

13. c) A las competencias de Galicia.

14. a) Por ley del Parlamento de Galicia.

15. b) En el artículo 2.

16. d) La organización territorial del Estado.

17. d) Todas son correctas.

18. d) Tanto una norma estatal, como una norma autonómica.

19. c) 57 artículos.

20. a) Es competencia exclusiva.

21. c) Es competencia compartida.

22. c) Es competencia compartida.

23. b) Régimen jurídico de los montes vecinales en mano común.

24. b) Competencias concurrentes.

25. b) La Comunidad Autónoma gallega tiene competencias compartidas en materia de ferias y mercados interiores.

26. a) Exclusiva.

27. d) Todas son falsas.

28. c) Son correctas a) y b).

29. d) Todas son ciertas.

30. d) Todas son ciertas.

TEST N.º 3

Ley 39/2015, de 1 de octubre, del Procedimiento Administrativo Común de las Administraciones Públicas: Títulos Preliminar, I, II, III

1. Según el artículo 8 de la LPACAP (Ley 39/2015), si durante la instrucción de un procedimiento se advierte la existencia de personas que sean titulares de derechos o intereses legítimos y directos cuya identificación resulte del expediente y que puedan resultar afectados por la resolución que se dicte:

a) Se comunicará a dichas personas la tramitación del procedimiento si este no ha tenido publicidad.

b) Se suspenderá el procedimiento hasta que se les comunique el estado del procedimiento y se les dé un plazo para presentar alegaciones.

c) Se seguirá adelante con el procedimiento sin más.

d) Se les comunicará y se volverá a iniciar el procedimiento.

2. ¿Cuál es la actual Ley del Procedimiento Administrativo Común de las Administraciones Públicas?

a) La Ley 30/1992, de 26 de noviembre.

b) La Ley 35/2005, de 4 de octubre.

c) La Ley 39/2015, de 1 de octubre.

d) La Ley 1/2015, de 8 de septiembre.

3. ¿De cuántos artículos consta la Ley 39/2015, de 1 de octubre, del Procedimiento Administrativo Común de las Administraciones Públicas?

a) De 121.

b) De 127.

c) De 131.

d) De 133.

4. La Ley 39/2015, de 1 de octubre, del Procedimiento Administrativo Común de las Administraciones Públicas, se estructura en:

a) 7 Títulos, 9 Disposiciones Adicionales, 5 Disposiciones Transitorias, 1 Disposición Derogatoria y 7 Disposiciones Finales.
b) 7 Títulos, 5 Disposiciones Adicionales, 7 Disposiciones Transitorias, 1 Disposición Derogatoria y 5 Disposiciones Finales.
c) 5 Títulos, 7 Disposiciones Adicionales, 7 Disposiciones Transitorias, 1 Disposición Derogatoria y 7 Disposiciones Finales.
d) 5 Títulos, 7 Disposiciones Adicionales, 5 Disposiciones Transitorias, 1 Disposición Derogatoria y 7 Disposiciones Finales.

5. Suele ser normal que la Administración Pública en las relaciones jurídicas administrativas:

a) Se sujete al Derecho Privado.
b) Actúe como sujeto de las mismas.
c) Despliegue una serie de potestades legalmente reconocidas.
d) Actúe representada por particulares.

6. Puede ser objeto de una relación jurídico-administrativa el/los/las:

a) Dominio público.
b) Potestades administrativas.
c) Deberes de los ciudadanos.
d) Nada de lo anterior.

7. Normalmente, la Administración Pública, en este tipo de relaciones jurídico-administrativas:

a) Se limita a una posición de espectadora de las mismas.
b) Actúa como sujeto activo.
c) Se encuentra en el lado pasivo de las mismas.
d) Está en igualdad de circunstancias que el administrado.

8. Una característica esencial de las relaciones jurídico-administrativas es:

a) Su regulación por el Derecho Privado.
b) La situación de igualdad de la Administración Pública y el administrado.
c) Su sujeción al Derecho Administrativo.
d) Estar exenta de regulación jurídica de todo tipo.

9. La relación en la que la Administración Pública actúa como un particular y no como tal Administración Pública es de carácter:

a) Privado.
b) Jurídico-administrativa.
c) No jurídica.
d) Semipública.

10. El contenido de la relación jurídico-administrativa se descompone en:

a) Actos humanos y cosas.
b) Hechos no jurídicos.
c) Derechos y obligaciones.
d) Todo lo anterior.

11. Se produce una modificación del contenido de una relación jurídico-administrativa en el siguiente supuesto:

a) La redención a metálico de una prestación personal de un vecino de un Municipio.
b) El cambio de titularidad de una licencia de apertura de establecimiento.
c) El *ius variandi* ejercido por la Administración Pública en un contrato administrativo.
d) La muerte de un contratista individual.

12. Es ejemplo de administrado cualificado un:

a) Ciudadano cualquiera.
b) Vendedor ambulante.
c) Concesionario de servicio público.
d) Las respuestas b) y c) son ciertas.

13. Un funcionario tiene la condición de:

a) Persona privada de interés social.
b) Autoridad.
c) Administrado simple.
d) Administrado cualificado.

14. La actuación de un particular realizando una prestación personal a la Administración:

a) Le convierte en administrado simple.
b) Comporta un trato de favor al mismo.
c) Le exime de pagar tasas judiciales.
d) Le cualifica respecto de la misma.

15. El que realice un uso común general del dominio público:

a) Requiere licencia.
b) Ha de estar habilitado a través de la correspondiente concesión demanial.
c) Tiene la condición de administrado cualificado.
d) Nada de lo expuesto es correcto.

16. El ciudadano que regenta un quiosco en la vía pública, sin hacer por tanto un uso común general de la misma, respecto a la Administración Pública es un administrado:

a) Simple.
b) Cualificado, al adquirir condición de funcionario.

c) Cualificado, al convertirse en un contratista.
d) Cualificado.

17. En Derecho Administrativo, a diferencia del Derecho Privado, se puede reconocer a los menores de edad:

a) Capacidad jurídica.
b) Capacidad de obrar.
c) Ambas capacidades.
d) Ninguna de ellas.

18. La edad mínima para entablar por sí solo relaciones con la Administración Pública es de:

a) Dieciocho años.
b) Depende de los casos.
c) Veintiún años la mujer casada.
d) Nada de lo anterior es cierto.

19. La falta o insuficiente acreditación de la representación no impedirá que se tenga por realizado el acto de que se trate, siempre que se aporte aquella o se subsane el defecto dentro del plazo que deberá conceder al efecto el órgano administrativo de:

a) Veinte días, o de un plazo superior cuando las circunstancias del caso así lo requieran.
b) Quince días, o de un plazo superior cuando las circunstancias del caso así lo requieran.
c) Diez días, o de un plazo superior cuando las circunstancias del caso así lo requieran.
d) Cinco días, o de un plazo superior cuando las circunstancias del caso así lo requieran.

20. Según el art. 7 LPACAP, cuando en una solicitud, escrito o comunicación figuren varios interesados, las actuaciones a que den lugar se efectuarán con el representante o el interesado que expresamente hayan señalado, y, en su defecto:

a) Con el de mayor edad.
b) Con el que figure en primer término.
c) Con cualquiera de ellos.
d) Con el que figure en último lugar.

21. Señala uno de los derechos que la Ley 39/2015, de 1 de octubre, del Procedimiento Administrativo Común de las Administraciones Públicas, reconoce a quienes tengan capacidad de obrar ante las Administraciones Públicas:

a) A la obtención y utilización de los medios de identificación y firma electrónica contemplados en la Ley 39/2015, de 1 de octubre.
b) A la protección de datos de carácter personal, y en particular a la seguridad y confidencialidad de los datos que figuren en los ficheros, sistemas y aplicaciones de las Administraciones Públicas.

c) A ser asistidos en el uso de medios electrónicos en sus relaciones con las Administraciones Públicas.

d) Todas las respuestas son correctas.

22. La Ley 39/2015, de 1 de octubre, del Procedimiento Administrativo Común de las Administraciones Públicas, reconoce a quienes tengan capacidad de obrar ante las Administraciones Públicas el derecho a comunicarse con las Administraciones Públicas a través de:

a) Un Punto de Acceso Rápido Telemático.

b) Un Punto Electrónico Central.

c) Un Punto Único Electrónico de contacto.

d) Un Punto de Acceso General electrónico de la Administración.

23. ¿Qué norma reguló el Esquema Nacional de Interoperabilidad?

a) La Ley 30/1992, de 26 de noviembre.

b) La Ley 11/2007, de 22 de junio.

c) El Real Decreto 4/2010, de 8 de enero.

d) El Real Decreto 12/2015, de 9 de abril.

24. A menos que la naturaleza del documento exija otra forma más adecuada de expresión y constancia, las Administraciones Públicas deberán emitir los documentos administrativos:

a) Preferiblemente de forma verbal.

b) Por escrito, a través de medios electrónicos.

c) Verbal o en su defecto por escrito.

d) De cualquier forma que deje constancia de su recepción.

25. Indica cuál de los siguientes documentos electrónicos emitidos por las Administraciones Públicas no requieren de firma electrónica, aunque sí precisan identificar su origen:

a) Los documentos que formen parte de un expediente administrativo.

b) Los documentos que se publiquen con carácter sancionador.

c) Los documentos que se publiquen con carácter meramente informativo.

d) Todos los documentos electrónicos emitidos por una Administración Pública requieren de firma electrónica.

26. Para ser considerados válidos, los documentos electrónicos deben cumplir, entre otros, con el siguiente requisito:

a) Incorporar una referencia temporal del momento en que han sido emitidos.

b) Incorporar los metadatos mínimos exigidos.

c) Disponer de los datos de identificación que permitan su individualización, sin perjuicio de su posible incorporación a un expediente electrónico.

d) Todas las respuestas son correctas.

27. ¿Cuándo podrán los interesados solicitar la expedición de copias auténticas de los documentos públicos administrativos que hayan sido válidamente emitidos por las Administraciones Públicas?

a) Únicamente en la fase de audiencia.

b) Solo en la fase de prueba.

c) Siempre antes de la resolución del expediente administrativo.

d) En cualquier momento.

28. La solicitud de copias auténticas de los documentos públicos administrativos que hayan sido válidamente emitidos por las Administraciones Públicas se dirigirá al órgano que emitió el documento original, debiendo expedirse, salvo las excepciones derivadas de la aplicación de la Ley 19/2013, de 9 de diciembre, en el plazo de:

a) Un mes a contar desde la recepción de la solicitud en el registro electrónico de la Administración u Organismo competente.

b) Veinte días a contar desde la recepción de la solicitud en el registro electrónico de la Administración u Organismo competente.

c) Quince días a contar desde la recepción de la solicitud en el registro electrónico de la Administración u Organismo competente.

d) Diez días a contar desde la recepción de la solicitud en el registro electrónico de la Administración u Organismo competente.

29. Señala la respuesta incorrecta respecto a la validez y eficacia de las copias realizadas por las Administraciones Públicas:

a) Las copias auténticas realizadas por una Administración Pública únicamente tendrán validez en esa Administración Pública.

b) Las copias auténticas tendrán la misma validez y eficacia que los documentos originales.

c) Cada Administración Pública determinará los órganos que tengan atribuidas las competencias de expedición de copias auténticas de los documentos públicos administrativos o privados.

d) Las Administraciones Públicas estarán obligadas a expedir copias auténticas electrónicas de cualquier documento en papel que presenten los interesados y que se vaya a incorporar a un expediente administrativo.

30. Los documentos que los interesados dirijan a los órganos de las Administraciones Públicas podrán presentarse:

a) En las oficinas de Correos, en la forma que reglamentariamente se establezca.

b) En las representaciones diplomáticas u oficinas consulares de España en el extranjero.

c) En las oficinas de asistencia en materia de registros.

d) Todas las respuestas son correctas.

31. Señala la respuesta incorrecta respecto a la comparecencia de las personas:

a) La comparecencia de las personas ante las oficinas públicas, ya sea presencialmente o por medios electrónicos, solo será obligatoria cuando así esté previsto mediante Reglamento.

b) En los casos en que proceda la comparecencia, la correspondiente citación hará constar expresamente el lugar, fecha, hora, los medios disponibles y objeto de la comparecencia, así como los efectos de no atenderla.

c) Las Administraciones Públicas entregarán al interesado certificación acreditativa de la comparecencia cuando así lo solicite.

d) Todas las respuestas son incorrectas.

32. Señala la respuesta incorrecta:

a) Estarán obligados a relacionarse a través de medios electrónicos con las Administraciones Públicas para la realización de cualquier trámite de un procedimiento administrativo los notarios y registradores de la propiedad y mercantiles.

b) En los procedimientos tramitados por las Administraciones de las Comunidades Autónomas y de las Entidades Locales, el uso de la lengua se ajustará a lo previsto en la legislación nacional.

c) Cada Administración dispondrá de un Registro Electrónico General, en el que se hará el correspondiente asiento de todo documento que sea presentado o que se reciba en cualquier órgano administrativo, organismo público o entidad vinculado o dependiente a estos.

d) Las personas físicas podrán elegir en todo momento si se comunican con las Administraciones Públicas para el ejercicio de sus derechos y obligaciones a través de medios electrónicos o no, salvo que estén obligadas a relacionarse a través de medios electrónicos con las Administraciones Públicas.

33. ¿Quién puede obtener copias de documentos contenidos en un procedimiento que se esté tramitando?

a) Solo los interesados en él.

b) Cualquier ciudadano.

c) Nadie.

d) Solo otro órgano administrativo.

34. Si un interesado de una Comunidad Autónoma con lengua oficial específica se dirige a un órgano de la Administración General del Estado sito en su Comunidad, ha de hacerlo en:

a) Castellano necesariamente.

b) Su lengua oficial exclusivamente.

c) Cualquiera de las dos anteriores, a su opción.

d) La que se le indique por la citada Administración.

35. La actuación por un funcionario que suponga discriminación de un interesado por razón de sexo, es considerada por el Texto Refundido de la Ley del Estatuto Básico del Empleado Público, como:

a) Falta leve.
b) Falta muy grave.
c) Falta grave.
d) No contempla este supuesto.

36. Los medios o soportes en que se almacenen documentos sobre procedimientos administrativos, deberán contar con medidas de seguridad, de acuerdo con lo previsto en:

a) La Recomendación Europea de Seguridad Procedimental.
b) La Directiva de la Agencia Nacional de Seguridad.
c) El Fondo Europeo de Seguridad.
d) El Esquema Nacional de Seguridad.

37. Los interesados en un procedimiento que conozcan datos que permitan identificar a otros interesados que no hayan comparecido en él:

a) Tienen el deber de proporcionárselos a la Administración actuante.
b) Pueden proporcionárselos a la Administración actuante, cuando lo estimen conveniente.
c) No tienen por qué aportarlos al procedimiento.
d) Solo tienen obligación de aportarlos cuando les proporcione un beneficio.

38. De acuerdo con el artículo 13 de la Ley 39/2015, de 1 de octubre, de Procedimiento Administrativo Común de las Administraciones Públicas, las personas que tienen capacidad de obrar conforme al artículo 3 de la Ley 39/2015, de 1 de octubre, de Procedimiento Administrativo Común de las Administraciones Públicas, en sus relaciones con las Administraciones Públicas, tienen los siguientes derechos:

a) A obtener información y confección de los documentos jurídicos o técnicos que las disposiciones vigentes impongan a los proyectos, actuaciones o solicitudes que se propongan realizar.
b) Al acceso a los registros y archivos de las Administraciones Públicas en los términos previstos en la Constitución y en la Ley 30/1992, de 26 de noviembre.
c) A ser tratados con respeto e indiferencia por las autoridades y funcionarios, que habrán de facilitarles el ejercicio de sus derechos y el cumplimiento de sus obligaciones.
d) Al acceso a la información pública, archivos y registros de acuerdo con lo previsto en la Ley 19/2013, de 9 de diciembre, de transparencia, acceso a la información pública y buen gobierno y el resto del Ordenamiento Jurídico.

39. En relación con la lengua de los procedimientos, señala la afirmación falsa; de acuerdo con el artículo 15 de la Ley 39/2015, de 1 de octubre, de Procedimiento Administrativo Común de las Administraciones Públicas:

a) La lengua de los procedimientos tramitados por la Administración General del Estado será el español.

b) Los interesados que se dirijan a los órganos de la Administración General del Estado con sede en el territorio de una Comunidad Autónoma podrán utilizar también la lengua que sea cooficial en ella.

c) En los procedimientos tramitados por las Administraciones de las Comunidades Autónomas y de las Entidades Locales, el uso de la lengua se ajustará a lo previsto en la legislación autonómica correspondiente.

d) La Administración pública instructora deberá traducir al castellano los documentos, expedientes o partes de los mismos que deban surtir efecto fuera del territorio de la Comunidad Autónoma y los documentos dirigidos a los interesados que así lo soliciten expresamente. Si debieran surtir efectos en el territorio de una Comunidad Autónoma donde sea cooficial esa misma lengua distinta del castellano, no será precisa su traducción.

40. Conforme al artículo 19.1 de la Ley 39/2015, de 1 de octubre, de Procedimiento Administrativo Común de las Administraciones Públicas, la comparecencia de los ciudadanos ante las oficinas públicas solo será obligatoria cuando así esté previsto en una norma con rango de:

a) Ley.
b) Decreto.
c) Orden.
d) Instrucción.

41. Señala la respuesta incorrecta. La Administración está obligada a dictar resolución expresa en todos los procedimientos y a notificarla cualquiera que sea su forma de iniciación. En los casos de prescripción, renuncia del derecho, caducidad del procedimiento o desistimiento de la solicitud, así como la desaparición sobrevenida del objeto del procedimiento, la resolución consistirá, conforme al artículo 21.1 de la Ley 39/2015, de 1 de octubre, de Procedimiento Administrativo Común de las Administraciones Públicas:

a) En la declaración de la circunstancia que concurra en cada caso.
b) Con indicación de los hechos producidos.
c) Con indicación de las normas aplicables.
d) Con indicación de las pruebas practicadas.

42. La Administración está obligada a dictar resolución expresa en todos los procedimientos y a notificarla cualquiera que sea su forma de iniciación. Se exceptúan de esta obligación, de acuerdo con el artículo 21.1 de la Ley 39/2015, de 1 de octubre, de Procedimiento Administrativo Común de las Administraciones Públicas:

a) Los supuestos de terminación del procedimiento por pacto o convenio.

b) Los procedimientos relativos al ejercicio de derechos sometidos únicamente al deber de declaración responsable o comunicación a la Administración.

c) Los procedimientos sancionadores.

d) Las respuestas a) y b) son correctas.

43. Señala la opción incorrecta conforme al artículo 21.2 de la Ley 39/2015, de 1 de octubre, de Procedimiento Administrativo Común de las Administraciones Públicas. El plazo máximo en el que debe notificarse la resolución expresa será:

a) El fijado por la norma reguladora del correspondiente procedimiento.

b) No podrá exceder de seis meses salvo que una norma con rango de ley establezca uno mayor.

c) No podrá exceder de seis meses salvo que venga previsto en la normativa comunitaria europea.

d) De tres meses.

44. De acuerdo con el artículo 21.3.a) de la Ley 39/2015, de 1 de octubre, de Procedimiento Administrativo Común de las Administraciones Públicas, el plazo máximo en el que debe notificarse la resolución expresa se contará en los procedimientos iniciados de oficio:

a) Desde la fecha del acuerdo de iniciación.

b) Desde la fecha en que la solicitud haya tenido entrada en el registro del órgano competente para su tramitación.

c) Desde la fecha en que la solicitud haya tenido entrada en el registro del órgano receptor de la solicitud.

d) Desde la fecha de notificación del acuerdo de iniciación.

45. El plazo máximo en el que debe notificarse la resolución expresa se contarán en los procedimientos a solicitud del interesado:

a) Desde la fecha del acuerdo de iniciación.

b) Desde la fecha en que la solicitud haya tenido entrada en el registro del órgano competente para su tramitación o desde la fecha en que la solicitud haya tenido entrada en el registro electrónico de la Administración u Organismo competente para su tramitación.

c) Desde la fecha en que la solicitud haya tenido entrada en el registro del órgano receptor de la solicitud.

d) Desde la fecha de notificación del acuerdo de iniciación.

46. En todo caso, las Administraciones Públicas informarán a los interesados del plazo máximo normativamente establecido para la resolución y notificación de los procedimientos, así como de los efectos que pueda producir el silencio administrativo, incluyendo dicha mención en la notificación o publicación del acuerdo de iniciación de oficio, o en comunicación que se les dirigirá al efecto dentro de:

a) Los diez días siguientes a la recepción de la solicitud en el registro del órgano competente para su tramitación.

b) Los diez días siguientes a la recepción de la solicitud en el registro del órgano receptor.

c) Los diez días naturales siguientes a la recepción de la solicitud en el registro del órgano competente para su tramitación o en el registro electrónico de la Administración u Organismo competente para su tramitación.

d) Los diez días naturales siguientes a la recepción de la solicitud en el registro del órgano receptor.

47. Señala la respuesta incorrecta. De acuerdo con el artículo 22 de la Ley 39/2015, de 1 de octubre, de Procedimiento Administrativo Común de las Administraciones Públicas, el transcurso del plazo máximo legal para resolver un procedimiento y notificar la resolución se podrá suspender en los siguientes casos:

a) Cuando deba requerirse a cualquier interesado para la subsanación de deficiencias y la aportación de documentos y otros elementos de juicio necesarios, por el tiempo que medie entre la notificación del requerimiento y su efectivo cumplimiento por el destinatario, o, en su defecto, el transcurso del plazo concedido, todo ello sin perjuicio de lo previsto en el artículo 68 de la Ley 39/2015, de 1 de octubre.

b) Cuando deba obtenerse un pronunciamiento previo y preceptivo de un órgano de la Unión Europea, por el tiempo que medie entre la petición, que habrá de comunicarse a los interesados, y la notificación del pronunciamiento a la Administración instructora, que también deberá serles comunicada.

c) Cuando deban solicitarse informes que sean preceptivos y determinantes del contenido de la resolución a órgano de la misma o distinta Administración, por el tiempo que medie entre la petición, que deberá comunicarse a los interesados, y la recepción del informe, que igualmente deberá ser comunicada a los mismos. Este plazo de suspensión no podrá exceder en ningún caso de tres meses.

d) Cuando los interesados promuevan la recusación en cualquier momento de la tramitación de un procedimiento.

48. Conforme al artículo 24.1 de la Ley 39/2015, de 1 de octubre, de Procedimiento Administrativo Común de las Administraciones Públicas, en los procedimientos iniciados a solicitud del interesado, sin perjuicio de la resolución que la Administración debe dictar, el vencimiento del plazo máximo sin haberse notificado resolución expresa legitima al interesado o interesados que hubieran deducido la solicitud para entenderla:

a) Desestimada por silencio administrativo, excepto en los supuestos en los que una norma con rango de ley por razones imperiosas de interés general o una norma de Derecho de la Unión Europea establezcan lo contrario.

b) Estimada por silencio administrativo, excepto en los supuestos en los que una norma con rango de ley por razones imperiosas de interés general o una norma de Derecho comunitario establezcan lo contrario.

c) Caducada por silencio administrativo, excepto en los supuestos en los que una norma con rango de ley por razones imperiosas de interés general o una norma de la Unión Europea o de Derecho Internacional aplicable en España establezcan lo contrario.

d) Prescrita por silencio administrativo, excepto en los supuestos en los que una norma con rango de ley por razones imperiosas de interés general o una norma de la Unión Europea o de Derecho Internacional aplicable en España establezcan lo contrario.

49. En los procedimientos iniciados de oficio, el vencimiento del plazo máximo establecido sin que se haya dictado y notificado resolución expresa, produce los siguientes efectos, en el caso de procedimientos de los que pudiera derivarse el reconocimiento o, en su caso, la constitución de derechos u otras situaciones jurídicas favorables:

a) Desestimada por silencio administrativo.
b) Estimada por silencio administrativo.
c) Caducada por silencio administrativo.
d) Prescrita por silencio administrativo, excepto en los supuestos en los que una norma con rango de ley por razones imperiosas de interés general o una norma de la Unión Europea o de Derecho Internacional aplicable en España establezcan lo contrario.

50. En los procedimientos en que la Administración ejercite potestades sancionadoras o, en general, de intervención, susceptibles de producir efectos desfavorables o de gravamen, se producirá de acuerdo con el artículo 25 de la Ley 39/2015, de 1 de octubre, de Procedimiento Administrativo Común de las Administraciones Públicas:

a) Desestimación por silencio administrativo.
b) Estimación por silencio administrativo.
c) Caducidad por silencio administrativo.
d) Prescrita por silencio administrativo, excepto en los supuestos en los que una norma con rango de ley por razones imperiosas de interés general o una norma de la Unión Europea o de Derecho Internacional aplicable en España establezcan lo contrario.

51. ¿Cuál es el plazo máximo en el que debe notificarse la resolución expresa?

a) Quince días.
b) Veinte días.
c) Un mes.
d) El fijado por la norma reguladora del correspondiente procedimiento.

52. El transcurso del plazo máximo legal para resolver un procedimiento y notificar la resolución se podrá suspender:

a) Cuando deba obtenerse un pronunciamiento previo y preceptivo de un órgano de la Unión Europea, por el tiempo que medie entre la petición, que habrá de comunicarse a los interesados, y la notificación del pronunciamiento a la Administración instructora, que también deberá serles comunicada.
b) Cuando deban realizarse pruebas técnicas o análisis contradictorios o dirimentes propuestos por los interesados, durante el tiempo necesario para la incorporación de los resultados al expediente.
c) Cuando exista un procedimiento no finalizado en el ámbito de la Unión Europea que condicione directamente el contenido de la resolución de que se trate, desde que se tenga constancia de su existencia, lo que deberá ser comunicado a los interesados, hasta que se resuelva, lo que también habrá de ser notificado.
d) Todas las respuestas son correctas.

53. ¿Qué recurso cabe contra el acuerdo que resuelva sobre la ampliación de plazos?

a) Recurso de alzada.
b) Recurso extraordinario de revisión.
c) Recurso de reposición, en el plazo de un mes.
d) Ningún recurso.

54. Señala la respuesta correcta respecto al cómputo de plazos:

a) Salvo que por Ley o en el Derecho de la Unión Europea se disponga otro cómputo, cuando los plazos se señalen por horas, se entiende que estas son naturales.
b) Siempre que por Ley o en el Derecho de la Unión Europea no se exprese otro cómputo, cuando los plazos se señalen por días, se entiende que estos son naturales, incluyéndose en el cómputo los sábados, los domingos y los declarados festivos.
c) Los plazos expresados en días se contarán desde el mismo día en que tenga lugar la notificación o publicación del acto de que se trate, o desde el siguiente a aquel en que se produzca la estimación o la desestimación por silencio administrativo.
d) Cuando un día fuese hábil en el municipio o Comunidad Autónoma en que residiese el interesado, e inhábil en la sede del órgano administrativo, o a la inversa, se considerará inhábil en todo caso.

55. Señala la respuesta incorrecta respecto al cómputo de los plazos:

a) Cuando los plazos se hayan señalado por días naturales por declararlo así una ley o por el Derecho de la Unión Europea, se hará constar esta circunstancia en las correspondientes notificaciones.
b) Cuando el último día del plazo sea inhábil, se entenderá prorrogado al primer día hábil siguiente.
c) Los plazos expresados por horas se contarán de hora en hora y de minuto en minuto desde la hora y minuto en que tenga lugar la notificación o publicación del acto de que se trate y no podrán tener una duración superior a veinticuatro horas, en cuyo caso se expresarán en días.
d) La declaración de un día como hábil o inhábil a efectos de cómputo de plazos determina por sí sola el funcionamiento de los centros de trabajo de las Administraciones Públicas, la organización del tiempo de trabajo así como el régimen de jornada y horarios de las mismas.

56. Los actos deben motivarse:

a) Siempre.
b) Nunca.
c) Cuando decidan un procedimiento.
d) Cuando la ley lo prescriba.

57. No tienen por qué motivarse los actos que:

a) Resuelvan recursos.
b) Limiten derechos subjetivos.
c) Se separen del dictamen de órganos consultivos.
d) Todos los anteriores deben motivarse.

58. En la notificación de todo acto administrativo no es necesario que conste siempre:

a) Su texto íntegro.
b) Los recursos que contra el mismo procedan.
c) Los motivos en que se basa la decisión.
d) El plazo de interposición de los recursos.

59. ¿En qué supuestos la notificación se hará por medio de un anuncio publicado en el Boletín Oficial del Estado?

a) Cuando se ignore el lugar de la notificación.
b) Cuando los interesados en un procedimiento sean conocidos.
c) Cuando intentada la notificación, no se hubiera podido practicar.
d) Las respuestas a) y c) son correctas.

60. Para que un acto tenga eficacia retroactiva es necesario que:

a) Limite derechos de los particulares.
b) Restrinja el ejercicio de facultades de los particulares.
c) Imponga deberes u obligaciones.
d) No se lesionen derechos de otras personas.

61. La presunción de legitimidad de los actos administrativos:

a) No admite prueba en contrario.
b) Dependerá de lo que el propio acto establezca.
c) Puede ser objeto de impugnación por el particular.
d) Solo se da cuando la ley expresamente lo diga.

62. Cuando la notificación se practique en el domicilio del interesado, de no hallarse presente, podrá hacerse cargo de la misma cualquier persona que se encuentre en el domicilio, haga constar su identidad y sea:

a) Mayor de catorce años.
b) Mayor de dieciséis años.
c) Mayor de dieciocho años.
d) Mayor de veintiún años.

63. Cuando el Delegado Provincial de una Consejería de una Comunidad Autónoma de una Provincia concreta resuelve un recurso administrativo en materia propia de la Delegación Provincial de otra Consejería de distinta Provincia, incurre en una incompetencia:

a) Funcional y jerárquica.
b) Territorial y jerárquica.
c) Funcional y territorial.
d) Territorial exclusivamente.

64. Cuando el acto administrativo presenta un vicio que no le hace incurrir en nulidad absoluta ni en anulabilidad, se considera:

a) Irregular.
b) Defectuoso.
c) Inválido.
d) Viciado.

65. Cuando la notificación por medios electrónicos sea de carácter obligatorio, se entenderá rechazada cuando:

a) Hayan transcurrido veinte días naturales desde la puesta a disposición de la notificación sin que se acceda a su contenido.
b) Hayan transcurrido diez días naturales desde la puesta a disposición de la notificación sin que se acceda a su contenido.
c) Hayan transcurrido diez días hábiles desde la puesta a disposición de la notificación sin que se acceda a su contenido.
d) Hayan transcurrido veinte días hábiles desde la puesta a disposición de la notificación sin que se acceda a su contenido.

66. Señala la respuesta incorrecta. Los actos administrativos serán objeto de publicación:

a) Cuando así lo establezcan las normas reguladoras de cada procedimiento.
b) Cuando lo aconsejen razones de interés público apreciadas por el órgano competente.
c) Cuando el acto tenga por destinatario a una pluralidad indeterminada de personas.
d) Siempre.

67. La notificación de un acto administrativo:

a) Suspende su eficacia hasta que se efectúe tratándose de actos generales.
b) No impide su ejecutividad una vez efectuada.
c) Suspende su eficacia una vez realizada.
d) Ha de hacerse con todo tipo de actos.

68. Los supuestos de nulidad absoluta de actos administrativos:

a) Son la regla general en nuestro Derecho.
b) Son los recogidos en el artículo 47 de la Ley 39/2015, de 1 de octubre, del Procedimiento Administrativo Común de las Administraciones Públicas, exclusivamente.
c) Pueden establecerse expresamente por una disposición con rango de ley.
d) Son solo los del artículo 47 citado y de otras leyes formales.

69. Los defectos formales en un acto, según reconoce expresamente la ley:

a) Lo vician con nulidad absoluta.
b) Lo vician con anulabilidad en todo caso.
c) Pueden dar lugar a la nulidad absoluta si producen indefensión.
d) Pueden dar lugar a la anulabilidad si producen indefensión.

70. La Administración Pública podrá convalidar un acto:

a) Si el vicio consiste en incompetencia jerárquica.
b) Si el vicio consiste en incompetencia funcional.
c) Si el vicio consiste en incompetencia territorial.
d) En ninguno de los anteriores casos.

71. La Administración Pública no podrá convalidar un acto si el vicio consiste en:

a) Incompetencia jerárquica.
b) La falta de una autorización.
c) Incompetencia funcional.
d) La omisión de un informe facultativo.

72. Señala la respuesta incorrecta. La eficacia del acto administrativo puede cesar definitivamente por:

a) El incumplimiento de la condición resolutoria a que pudiera estar sujeto.
b) El transcurso del plazo señalado en el acto, si estaba limitado en el tiempo.
c) La anulación o revocación del propio acto.
d) La desaparición de los presupuestos de hecho que motivaron que se dictase.

73. El procedimiento, que es la vía a través de la cual se elabora la declaración de voluntad, deseo, conocimiento o juicio de la Administración, en que consiste el acto, es un elemento del acto administrativo de tipo:

a) Objetivo.
b) Subjetivo.
c) Formal.
d) Accidental.

74. Serán motivados, con sucinta referencia de hechos y fundamentos de Derecho:

a) Los actos que se separen del criterio seguido en actuaciones precedentes o del dictamen de órganos consultivos.

b) Los actos que limiten derechos subjetivos o intereses legítimos.

c) Los actos que resuelvan procedimientos de revisión de oficio de disposiciones o actos administrativos, recursos administrativos y procedimientos de arbitraje y los que declaren su inadmisión.

d) Todas las respuestas son correctas.

75. Según pongan fin al expediente administrativo o formen parte del mismo, como una fase del mismo, sin tener carácter resolutivo, los actos administrativos se clasifican en:

a) Actos definitivos y actos de trámite.

b) Actos propios y actos impropios.

c) Actos básicos y actos de trámite.

d) Actos únicos y actos múltiples.

Solución al test n.º 3

1. a) Se comunicará a dichas personas la tramitación del procedimiento si este no ha tenido publicidad.

2. c) La Ley 39/2015, de 1 de octubre.

3. d) De 133.

4. a) 7 Títulos, 9 Disposiciones Adicionales, 5 Disposiciones Transitorias, 1 Disposición Derogatoria y 7 Disposiciones Finales.

5. c) Despliegue una serie de potestades legalmente reconocidas.

6. a) Dominio público.

7. b) Actúa como sujeto activo.

8. c) Su sujeción al Derecho Administrativo.

9. a) Privado.

10. c) Derechos y obligaciones.

11. c) El *ius variandi* ejercido por la Administración Pública en un contrato administrativo.

12. d) Las respuestas b) y c) son ciertas.

13. d) Administrado cualificado.

14. d) Le cualifica respecto de la misma.

15. d) Nada de lo expuesto es correcto.

16. d) Cualificado.

17. b) Capacidad de obrar.

18. b) Depende de los casos.

19. c) Diez días, o de un plazo superior cuando las circunstancias del caso así lo requieran.

20. b) Con el que figure en primer término.

21. d) Todas las respuestas son correctas.

22. d) Un Punto de Acceso General electrónico de la Administración.

23. c) El Real Decreto 4/2010, de 8 de enero.

24. b) Por escrito, a través de medios electrónicos.

25. c) Los documentos que se publiquen con carácter meramente informativo.

26. d) Todas las respuestas son correctas.

27. d) En cualquier momento.

28. c) Quince días a contar desde la recepción de la solicitud en el registro electrónico de la Administración u Organismo competente.

29. a) Las copias auténticas realizadas por una Administración Pública únicamente tendrán validez en esa Administración Pública.

30. d) Todas las respuestas son correctas.

31. a) La comparecencia de las personas ante las oficinas públicas, ya sea presencialmente o por medios electrónicos, solo será obligatoria cuando así esté previsto mediante Reglamento.

32. b) En los procedimientos tramitados por las Administraciones de las Comunidades Autónomas y de las Entidades Locales, el uso de la lengua se ajustará a lo previsto en la legislación nacional.

33. a) Solo los interesados en él.

34. c) Cualquiera de las dos anteriores, a su opción.

35. b) Falta muy grave.

36. d) El Esquema Nacional de Seguridad.

37. a) Tienen el deber de proporcionárselos a la Administración actuante.

38. d) Al acceso a la información pública, archivos y registros de acuerdo con lo previsto en la Ley 19/2013, de 9 de diciembre, de transparencia, acceso a la información pública y buen gobierno y el resto del Ordenamiento Jurídico.

39. a) La lengua de los procedimientos tramitados por la Administración General del Estado será el español.

40. a) Ley.

41. d) Con indicación de las pruebas practicadas.

42. d) Las respuestas a) y b) son correctas.

43. d) De tres meses.

44. a) Desde la fecha del acuerdo de iniciación.

45. b) Desde la fecha en que la solicitud haya tenido entrada en el registro del órgano competente para su tramitación o desde la fecha en que la solicitud haya tenido entrada en el registro electrónico de la Administración u Organismo competente para su tramitación.

46. a) Los diez días siguientes a la recepción de la solicitud en el registro del órgano competente para su tramitación.

47. d) Cuando los interesados promuevan la recusación en cualquier momento de la tramitación de un procedimiento.

48. b) Estimada por silencio administrativo, excepto en los supuestos en los que una norma con rango de ley por razones imperiosas de interés general o una norma de Derecho comunitario establezcan lo contrario.

49. a) Desestimada por silencio administrativo.

50. c) Caducidad por silencio administrativo.

51. d) El fijado por la norma reguladora del correspondiente procedimiento.

52. d) Todas las respuestas son correctas.

53. d) Ningún recurso.

54. d) Cuando un día fuese hábil en el municipio o Comunidad Autónoma en que residiese el interesado, e inhábil en la sede del órgano administrativo, o a la inversa, se considerará inhábil en todo caso.

55. d) La declaración de un día como hábil o inhábil a efectos de cómputo de plazos determina por sí sola el funcionamiento de los centros de trabajo de las Administraciones Públicas, la organización del tiempo de trabajo así como el régimen de jornada y horarios de las mismas.

56. d) Cuando la ley lo prescriba.

57. d) Todos los anteriores deben motivarse.

58. c) Los motivos en que se basa la decisión.

59. d) Las respuestas a) y c) son correctas.

60. d) No se lesionen derechos de otras personas.

61. c) Puede ser objeto de impugnación por el particular.

62. a) Mayor de catorce años.

63. c) Funcional y territorial.

64. a) Irregular.

65. b) Hayan transcurrido diez días naturales desde la puesta a disposición de la notificación sin que se acceda a su contenido.

66. d) Siempre.

67. b) No impide su ejecutividad una vez efectuada.

68. c) Pueden establecerse expresamente por una disposición con rango de ley.

69. d) Pueden dar lugar a la anulabilidad si producen indefensión.

70. a) Si el vicio consiste en incompetencia jerárquica.

71. c) Incompetencia funcional.

72. a) El incumplimiento de la condición resolutoria a que pudiera estar sujeto.

73. c) Formal.

74. d) Todas las respuestas son correctas.

75. a) Actos definitivos y actos de trámite.

TEST N.º 4

Ley 1/2016, de 18 de enero, de Transparencia y Buen Gobierno: Título Preliminar, Título I: Capítulos I, II, IV, V y Título II: Secciones 1, 2 y 3 del Capítulo I

1. ¿Qué ley tiene por objeto regular la transparencia y publicidad en la actividad pública?

a) La Ley 9/1996, de 21 de mayo.
b) La Ley 4/2006, de 13 de octubre.
c) La Ley 1/2016, de 18 de enero.
d) La Ley 14/2016, de 2 de marzo.

2. ¿En virtud de qué principio de la Ley de Transparencia y Buen Gobierno, toda la información pública es accesible y relevante, y toda persona tiene acceso libre y gratuito a la misma?

a) El principio de publicidad.
b) El principio de transparencia.
c) El principio de objetividad.
d) El principio de legalidad.

3. La resolución en la que se conceda o deniegue el acceso deberá notificarse, a la persona solicitante y a los terceros afectados que así lo hubiesen solicitado, lo antes posible y, como más tarde:

a) En el plazo máximo de un mes desde la recepción de la solicitud por el órgano competente para resolver.
b) En el plazo máximo de tres meses desde la recepción de la solicitud por el órgano competente para resolver.
c) En el plazo máximo de cinco meses desde la recepción de la solicitud por el órgano competente para resolver.
d) En el plazo máximo de seis meses desde la recepción de la solicitud por el órgano competente para resolver.

4. ¿En virtud de qué principio de la Ley de Transparencia y Buen Gobierno, las entidades sujetas al ámbito de aplicación de dicha ley arbitrarán los medios necesarios para poner a disposición de la ciudadanía la información pública en la lengua y a través del medio de acceso que la ciudadanía elija?

a) El principio de reutilización de la información.
b) El principio de igualdad lingüística.
c) El principio de objetividad lingüística y tecnológica.
d) El principio de no discriminación tecnológica ni lingüística.

5. Los instrumentos de ordenación del territorio y los planes urbanísticos, así como sus correspondientes modificaciones y revisiones, deberán ser objeto de publicidad, difundiendo, como mínimo:

a) La clasificación del suelo.
b) La calificación del suelo.
c) La normativa urbanística.
d) Todas las respuestas son correctas.

6. ¿Cada cuánto tiempo la Xunta de Galicia hará público en el Portal de transparencia y Gobierno un informe en el cual se analizarán y expondrán los datos sobre la información más consultada en el Portal, y sobre la más solicitada a través del ejercicio del derecho de acceso?

a) Mensualmente.
b) Trimestralmente.
c) Al menos una vez por semestre.
d) Anualmente.

7. El procedimiento para el ejercicio del derecho de acceso se iniciará con la presentación de la correspondiente solicitud, que deberá dirigirse:

a) A la persona titular del órgano administrativo o entidad que posea la información.
b) A la persona titular de la Consellería de Hacienda.
c) A la persona titular de la Consellería de Presidencia, Administraciones Públicas y Justicia.
d) A la Secretaría General Técnica de la Consellería de Presidencia, Administraciones Públicas y Justicia.

8. ¿Qué plazo concederá el órgano encargado de resolver para que puedan formular alegaciones cuando las solicitudes se refieran a información que afecte a derechos e intereses de terceros?

a) Una semana.
b) Diez días.
c) Quince días.
d) Un mes.

9. ¿Cuál es el órgano independiente al que corresponde la resolución de las reclamaciones frente a las resoluciones de acceso a la información pública?

a) La Comisión Interdepartamental de Información y Evaluación.
b) La Comisión Interdepartamental de Transparencia y Análisis.
c) La Comisión de la Transparencia.
d) La Comisión de Evaluación y Análisis de la Información.

10. ¿En virtud de qué principio de la Ley de Transparencia y Buen Gobierno, la información pública será cierta y exacta, garantizando que procede de documentos con respecto a los cuales se ha verificado su autenticidad, fiabilidad, integridad, disponibilidad y cadena de custodia?

a) El principio de veracidad.
b) El principio de objetividad.
c) El principio de seguridad jurídica.
d) El principio de identidad real.

11. Las disposiciones del Título I (Transparencia de la actividad pública) de la Ley 1/2016, de 18 de enero serán de aplicación a:

a) A las universidades del Sistema universitario de Galicia.
b) Al Valedor del Pueblo.
c) Al Parlamento de Galicia.
d) Todas las respuestas son correctas.

12. Reglamentariamente se determinará el procedimiento que es necesario seguir para el cumplimiento de la obligación de suministrar información, así como las multas coercitivas aplicables en los supuestos en que el requerimiento de información no sea atendido en plazo. Respecto de la multa podemos afirmar que:

a) La multa de 100 a 6.000 euros será reiterada por periodos mensuales hasta un máximo de doce meses.
b) La multa de 100 a 6.000 euros será reiterada por periodos mensuales hasta el cumplimiento.
c) La multa de 100 a 1.000 euros será reiterada por periodos mensuales hasta un máximo de doce meses.
d) La multa de 100 a 1.000 euros será reiterada por periodos mensuales hasta el cumplimiento.

13. En cuanto al total de la multa aplicable en los supuestos en que el requerimiento de información no sea atendido en plazo, no podrá exceder de:

a) El 2,5 % del importe del contrato, subvención o instrumento administrativo que habilite para el ejercicio de las funciones públicas o la prestación de los servicios.
b) El 5 % del importe del contrato, subvención o instrumento administrativo que habilite para el ejercicio de las funciones públicas o la prestación de los servicios.

c) El 7 % del importe del contrato, subvención o instrumento administrativo que habilite para el ejercicio de las funciones públicas o la prestación de los servicios.

d) El 10 % del importe del contrato, subvención o instrumento administrativo que habilite para el ejercicio de las funciones públicas o la prestación de los servicios.

14. En el supuesto de que en el instrumento que habilite para el ejercicio de las funciones públicas o la prestación de los servicios no figurase una cuantía concreta, la multa aplicable en los supuestos en que el requerimiento de información no sea atendido en plazo no excederá de:

a) 1.000 euros.
b) 1.500 euros.
c) 3.000 euros.
d) 6.000 euros.

15. Para la determinación del importe de la multa aplicable en los supuestos en que el requerimiento de información no sea atendido en plazo se atenderá a la gravedad del incumplimiento y al principio de:

a) Proporcionalidad.
b) Igualdad.
c) Menor lesividad.
d) Solidaridad.

16. ¿Qué principio de la Ley de Transparencia y Buen Gobierno supone que las entidades sujetas a lo dispuesto en la presente ley son responsables del cumplimiento de sus prescripciones?

a) El principio de objetividad.
b) El principio de integridad.
c) El principio de honestidad.
d) El principio de responsabilidad.

17. Los sujetos a los que les es de aplicación la Ley 1/2016, de 18 de enero, de Transparencia y Buen Gobierno, en relación con su actividad económico-financiera publicarán:

a) El techo de gasto no financiero aprobado para cada ejercicio.
b) La situación déficit/superávit público sobre producto interior bruto y por habitante.
c) El periodo medio de pago a proveedores.
d) Todas las respuestas son correctas.

18. La Administración general de la Comunidad Autónoma de Galicia y las entidades instrumentales de su sector público harán público:

a) Únicamente el número de vehículos de los que es titular.
b) La relación de bienes de interés cultural, histórico y artístico.

c) El número de vehículos de los que es arrendatario.

d) Todas las respuestas son correctas.

19. Los altos cargos no podrán firmar, ni por sí mismos ni a través de entidades participadas por ellos directa o indirectamente en más del diez por ciento, contratos de asistencia técnica, de servicios o similares con la Administración pública en la que hubieran prestado servicios, siempre que guarden relación directa con las funciones que el alto cargo ejercía, durante:

a) El año siguiente a la fecha de su cese.

b) Los dos años siguientes a la fecha de su cese.

c) Los cinco años siguientes a la fecha de su cese.

d) Los diez años siguientes a la fecha de su cese.

20. La Xunta de Galicia, a través de la consejería competente en materia de Administraciones Públicas, mantendrá un registro de convenios públicos. Cuando dichos convenios impliquen obligaciones económicas para la Hacienda autonómica o para las entidades públicas instrumentales integrantes del sector público autonómico de Galicia, se habrá de señalar con claridad:

a) La persona o entidad destinataria.

b) El objeto del convenio.

c) El importe de las obligaciones económicas.

d) Todas las respuestas son correctas.

21. ¿Qué principio de la Ley 1/2016, de 18 de enero, de Transparencia y Buen Gobierno promulga que tanto la información como los instrumentos y herramientas empleados en su difusión sean comprensibles, utilizables y localizables por todas las personas en condiciones de seguridad y comodidad, así como de la forma más autónoma y natural posible?

a) El principio de difusión universal de la información pública.

b) El principio de accesibilidad universal de la información pública.

c) El principio de libre disponibilidad de la información pública.

d) El principio de transparencia y seguridad de la información pública.

22. Las disposiciones del Título I (Transparencia de la actividad pública) de la Ley 1/2016, de 18 de enero serán de aplicación a:

a) A las corporaciones de derecho público que desarrollen parte de su actividad en el ámbito territorial de la Comunidad Autónoma de Galicia, en lo relativo a sus actividades sujetas a derecho administrativo.

b) Al Consejo de la Cultura Gallega en relación con sus actividades sujetas a derecho administrativo, con excepción de sus actos en materia de personal.

c) A las entidades vinculadas o dependientes de las universidades del Sistema universitario de Galicia.

d) Todas las respuestas son correctas.

23. ¿Cada cuánto tiempo la Xunta de Galicia hará público en el Portal de transparencia y Gobierno un informe en el cual se analizarán y expondrán las estadísticas relativas al derecho de acceso a la información pública, con la inclusión del número de solicitudes presentadas y de los porcentajes de los distintos tipos de resolución a que dieron lugar?

a) Mensualmente.
b) Trimestralmente.
c) Al menos una vez por semestre.
d) Anualmente.

24. ¿Dónde publicará la Xunta de Galicia la relación de los acuerdos aprobados en el Parlamento Autonómico que afecten a sus competencias, detallando la fecha de aprobación y el organismo competente para su cumplimiento?

a) En el Boletín Oficial del Estado (BOE).
b) En el Diario Oficial de Galicia (DOGA).
c) En el Portal de transparencia y Gobierno abierto.
d) En el Portal de Transparencia y Publicidad Activa.

25. La Xunta de Galicia hará público anualmente en el Portal de transparencia y Gobierno abierto un informe en el cual se analizarán y expondrán, entre otros aspectos, los datos sobre la información más consultada en el Portal y sobre la más solicitada a través del ejercicio del derecho de acceso. Dicho informe deberá ser aprobado previamente a su publicación por:

a) La Comisión de la Transparencia.
b) La Comisión Interdepartamental de Transparencia y Análisis.
c) La Comisión de Evaluación y Análisis de la Información.
d) La Comisión Interdepartamental de Información y Evaluación.

26. ¿Quién preside la Comisión de la Transparencia?

a) La persona titular de la Xunta de Galicia.
b) El Presidente o Presidenta del Consejo Consultivo de Galicia.
c) El valedor o valedora del pueblo.
d) El Presidente o Presidenta de la Federación Gallega de Municipios y Provincias.

27. ¿Quién actúa como vicepresidente o vicepresidenta de la Comisión de la Transparencia?

a) El adjunto o adjunta a la institución del Valedor del Pueblo.
b) Una persona representante del Consejo de Cuentas.
c) Una persona representante del Consejo Consultivo de Galicia.
d) El Presidente o Presidenta de la Federación Gallega de Municipios y Provincias.

28. ¿A quién le corresponde, en el ámbito del sector público autonómico, la competencia para la resolución de las solicitudes de acceso?

a) A la persona titular de la secretaría general técnica.

b) A la persona titular de la dirección general o la delegación territorial en el caso de la Administración general de la Comunidad Autónoma.

c) A la persona titular de la secretaría general.

d) Todas las respuestas son correctas.

29. ¿Quién tendrá voto dirimente en la Comisión de la Transparencia en caso de empate?

a) El Presidente o Presidenta de la Federación Gallega de Municipios y Provincias.

b) El Presidente o Presidenta del Consejo Consultivo de Galicia.

c) El Presidente o Presidenta del Consejo de Cuentas.

d) El valedor o valedora del pueblo.

30. Indica cuál de los siguientes no es vocal de la Comisión de la Transparencia:

a) Una persona representante del Sistema universitario de Galicia.

b) Una persona representante del Consejo de Cuentas.

c) Una persona representante de la Comisión Interdepartamental de Información y Evaluación de la Xunta de Galicia.

d) Una persona representante del Consejo Consultivo de Galicia.

31. Tendrán la consideración de cargos públicos a los efectos de la Ley 1/2016, de 18 de enero, de transparencia y buen gobierno:

a) El presidente o presidenta del Consejo Económico y Social.

b) Las directoras y directores generales de la Administración general de la Comunidad Autónoma de Galicia.

c) El personal eventual que, en virtud de nombramiento legal, ejerza funciones de jefatura de gabinete o jefatura de prensa de los gabinetes de la persona titular de la Presidencia de la Xunta.

d) Todas las respuestas son correctas.

32. ¿Cuál es el tratamiento oficial de los miembros del Gobierno y de los altos cargos?

a) Excelentísimo/Excelentísima, seguido de la denominación del cargo, empleo o rango correspondiente.

b) Ilustrísimo Señor/ Ilustrísima Señora, seguido de la denominación del cargo, empleo o rango correspondiente.

c) Honorable señor/señora, seguido de la denominación del cargo, empleo o rango correspondiente.

d) Señor/señora, seguido de la denominación del cargo, empleo o rango correspondiente.

33. Señala con cuál de las siguientes actividades públicas es compatible el ejercicio de las funciones de alto cargo:

a) El desarrollo de misiones permanentes de representación ante organizaciones o conferencias, nacionales e internacionales.

b) La representación de la Administración autonómica en los órganos colegiados.

c) El cargo de diputado o diputada en el Parlamento de Galicia, en todo caso.

d) Todas las respuestas son correctas.

34. Señala la respuesta incorrecta respecto a la compatibilidad de las funciones de alto cargo con el ejercicio de la docencia:

a) Para el ejercicio de las funciones docentes se requerirá la autorización expresa de la persona titular de la consejería de hacienda.

b) El desarrollo de esta actividad no podrá suponer en ningún caso incremento alguno sobre las cantidades que por cualquier concepto corresponda percibir por el ejercicio del cargo público, con excepción de las indemnizaciones por gastos de viajes, estancias y traslados.

c) Se podrá compatibilizar el ejercicio de funciones docentes, de carácter reglado, siempre que no supongan menoscabo de la dedicación en el ejercicio del cargo público y se realice en régimen de dedicación a tiempo parcial.

d) Los altos cargos podrán participar en las actividades a cargo de los centros oficiales de formación y perfeccionamiento del personal empleado público mediante la impartición de conferencias y cursos, siempre que dicha colaboración se produzca con carácter excepcional, así como en los congresos, seminarios y actividades análogas, teniendo derecho a la percepción de las indemnizaciones previstas reglamentariamente.

35. Los altos cargos que pretendan compatibilizar sus funciones con actividades privadas deberá previamente comunicarlo a:

a) A la Comisión de la Transparencia.

b) A la Comisión Interdepartamental de Información y Evaluación.

c) La Dirección General de la Función Pública.

d) Al Consejo Consultivo de Galicia.

36. Los altos cargos no podrán tener, por sí mismos o por persona interpuesta, participaciones directas o indirectas en empresas en tanto tengan conciertos o contratos de cualquier naturaleza con el sector público estatal, autonómico o local, o reciban subvenciones provenientes de cualquier Administración pública. Estas participaciones directas o indirectas no podrán ser superiores al:

a) 2,5 %.

b) 5 %.

c) 7 %.

d) 10 %.

37. Los altos cargos no podrán realizar actividades ni prestar servicios en entidades privadas relacionadas con expedientes sobre los cuales hubiesen dictado resolución en el ejercicio del cargo, durante:

a) El año siguiente a la fecha de su cese.
b) Los dos años siguientes a la fecha de su cese.
c) Los cinco años siguientes a la fecha de su cese.
d) Los diez años siguientes a la fecha de su cese.

38. La información relativa a todos los contratos menores, con indicación del objeto, duración, importe de licitación y adjudicación, número de licitadores participantes e identidad del adjudicatario se publicarán en el portal web de transparencia:

a) Cada mes.
b) Cada dos meses.
c) Al menos trimestralmente.
d) Al menos semestralmente.

39. Los altos cargos no podrán tener, por sí mismos o por personas o entidades o empresas interpuestas, fondos, activos financieros o valores negociables en países o territorios con calificación de paraíso fiscal según la regulación estatal de aplicación:

a) Únicamente durante el ejercicio de su cargo.
b) Durante el ejercicio de su cargo, así como en los dos años siguientes a su cese.
c) Durante el ejercicio de su cargo, así como en los cinco años siguientes a su cese.
d) Durante el ejercicio de su cargo, así como en los diez años siguientes a su cese.

40. ¿De qué plazo dispone el centro directivo competente en materia de función pública para pronunciarse sobre la compatibilidad de la actividad privada que se va a realizar por parte del alto cargo así como comunicárselo tanto a la persona afectada como a la entidad en la que pretenda prestar sus servicios?

a) Veinte días desde la recepción en el Registro de Actividades de dicha comunicación.
b) Un mes desde la recepción en el Registro de Actividades de dicha comunicación.
c) Dos meses desde la recepción en el Registro de Actividades de dicha comunicación.
d) Tres meses desde la recepción en el Registro de Actividades de dicha comunicación.

Solución al test n.º 4

1. c) La Ley 1/2016, de 18 de enero.

2. b) El principio de transparencia.

3. a) En el plazo máximo de un mes desde la recepción de la solicitud por el órgano competente para resolver.

4. d) El principio de no discriminación tecnológica ni lingüística.

5. d) Todas las respuestas son correctas.

6. d) Anualmente.

7. a) A la persona titular del órgano administrativo o entidad que posea la información.

8. c) Quince días.

9. c) La Comisión de la Transparencia.

10. a) El principio de veracidad.

11. d) Todas las respuestas son correctas.

12. d) La multa de 100 a 1.000 euros será reiterada por periodos mensuales hasta el cumplimiento.

13. b) El 5 % del importe del contrato, subvención o instrumento administrativo que habilite para el ejercicio de las funciones públicas o la prestación de los servicios.

14. c) 3.000 euros.

15. a) Proporcionalidad.

16. d) El principio de responsabilidad.

17. d) Todas las respuestas son correctas.

18. c) El número de vehículos de los que es arrendatario.

19. b) Los dos años siguientes a la fecha de su cese.

20. d) Todas las respuestas son correctas.

21. b) El principio de accesibilidad universal de la información pública.

22. c) A las entidades vinculadas o dependientes de las universidades del Sistema universitario de Galicia.

23. d) Anualmente.

24. c) En el Portal de transparencia y Gobierno abierto.

25. d) La Comisión Interdepartamental de Información y Evaluación.

26. c) El valedor o valedora del pueblo.

27. a) El adjunto o adjunta a la institución del Valedor del Pueblo.

28. d) Todas las respuestas son correctas.

29. d) El valedor o valedora del pueblo.

30. a) Una persona representante del Sistema universitario de Galicia.

31. d) Todas las respuestas son correctas.

32. d) Señor/señora, seguido de la denominación del cargo, empleo o rango correspondiente.

33. b) La representación de la Administración autonómica en los órganos colegiados.

34. a) Para el ejercicio de las funciones docentes se requerirá la autorización expresa de la persona titular de la consejería de hacienda.

35. c) La Dirección General de la Función Pública.

36. d) 10 %.

37. b) Los dos años siguientes a la fecha de su cese.

38. c) Al menos trimestralmente.

39. b) Durante el ejercicio de su cargo, así como en los dos años siguientes a su cese.

40. b) Un mes desde la recepción en el Registro de Actividades de dicha comunicación.

TEST N.º 5

**Ley 2/2015, de 29 de abril, del Empleo Público de Galicia:
Títulos I, III, IV y V**

1. La Ley de Empleo Público de Galicia es:

a) La Ley 2/2015, de 29 de abril.
b) La Ley 5/2009, de 25 de junio.
c) La Ley 9/2015, de 29 de junio.
d) La Ley 1/2009, de 25 de abril.

2. ¿En qué título de la Ley de Empleo Público de Galicia se regulan las clases de personal al servicio de la Xunta de Galicia?

a) Título II.
b) Título III.
c) Título IV.
d) Título V.

3. Señala cuál de las siguientes opciones no es correcta. Según la Ley de Empleo Público de Galicia, existen 4 tipos de empleados públicos:

a) Personal funcionario interino.
b) Personal laboral.
c) Personal fijo discontinuo.
d) Personal eventual.

4. Señalar cuál de los siguientes no es correcto. En función del régimen de duración del contrato, la Ley de Empleo Público de Galicia distingue tres tipos de personal laboral:

a) Fijo.
b) Eventual.
c) Indefinido.
d) Temporal.

5. En relación con el nombramiento de personal interino para la ejecución de programas de carácter temporal y de duración determinada que no respondan a necesidades permanentes de la Administración, el plazo máximo de duración de la interinidad se hará constar expresamente en el nombramiento y no podrá ser superior a:

a) 3 años, ampliables hasta 12 meses más de justificarlo la duración del correspondiente programa.

b) 5 años, no ampliables.

c) 5 años, ampliables hasta 18 meses más si lo justificara la duración del correspondiente programa.

d) 3 años, ampliables hasta 6 meses más si lo justificara la duración del correspondiente programa.

6. En relación con el personal eventual, la Ley de Empleo Público de Galicia señala que:

a) La prestación de servicios como personal eventual constituirá mérito para el acceso al empleo público y para la promoción dentro de este.

b) Cuando el personal funcionario de carrera acceda a puestos de trabajo de carácter eventual, pasará a la situación de servicios específicos.

c) El personal eventual realizará actividades ordinarias de gestión o de carácter técnico o cualquiera de las funciones que pudieran corresponder al personal funcionario de carrera.

d) El nombramiento del personal eventual es libre.

7. En relación con el personal eventual, la Ley de Empleo Público de Galicia señala que:

a) La determinación de las condiciones de empleo del personal eventual tiene la consideración de materia objeto de negociación colectiva.

b) En el ámbito de la Administración general de la Comunidad Autónoma de Galicia el personal eventual solo puede ser nombrado por las personas integrantes del Consello de la Xunta para realizar cometidos de asesoramiento especial o apoyo a las mismas en desarrollo de su labor política, en cumplimiento de sus cometidos de carácter parlamentario y en sus relaciones con las instituciones públicas, los medios de comunicación y las organizaciones administrativas, así como actividades protocolarias

c) El número máximo de puestos del personal eventual, así como sus características y retribuciones, serán establecidos anualmente por el Parlamento de Galicia dentro de los correspondientes créditos presupuestarios consignados al efecto.

d) Las entidades públicas instrumentales del sector público autonómico pueden nombrar personal eventual, cuando así lo autoricen sus respectivas leyes de creación.

8. La adquisición de la condición de personal directivo se llevará a cabo mediante procedimientos que garanticen la publicidad y concurrencia entre el personal funcionario de carrera y el personal laboral fijo al servicio de las administraciones públicas, y se basará en los principios de:

a) Antigüedad y representatividad.

b) Mérito y capacidad.

c) Idoneidad y objetividad.
d) Eficacia y eficiencia.

9. Indica cuál es el objeto de la Ley de Empleo Público de Galicia:

a) La regulación del régimen jurídico de la función pública gallega y la determinación de las normas aplicables a todo el personal al servicio de las administraciones públicas incluidas en su ámbito de aplicación, en ejercicio de las competencias atribuidas a la Comunidad Autónoma de Galicia en su Estatuto de autonomía y en desarrollo del Estatuto Básico del Empleado Público.

b) La regulación del régimen jurídico de la función pública gallega y la determinación de las normas aplicables a todo el personal al servicio de las administraciones públicas incluidas en su ámbito de aplicación, en ejercicio de las competencias atribuidas a la Xunta de Galicia en su Estatuto de autonomía y en desarrollo del Estatuto Básico del Empleado Público.

c) La regulación del régimen jurídico de la función pública gallega y la determinación de las normas aplicables a todo el personal, en ejercicio de las competencias atribuidas a la Comunidad Autónoma de Galicia en su Estatuto de autonomía y en desarrollo del Estatuto Básico del Empleado Público.

d) La regulación del régimen jurídico de los empleados públicos y la determinación de las normas aplicables a todo el personal al servicio de las administraciones públicas incluidas en su ámbito de aplicación, en ejercicio de las competencias atribuidas a la Comunidad Autónoma de Galicia en su Estatuto de autonomía y en desarrollo del Estatuto Básico del Empleado Público.

10. El nombramiento de un interino por exceso o acumulación de tareas, de carácter excepcional y circunstancial, tendrá un plazo máximo de:

a) 5 meses dentro de un período de 12 meses.
b) 6 meses dentro de un período de 10 meses.
c) 9 meses dentro de un período de 18 meses.
d) 3 meses dentro de un período de 12 meses.

11. Indica qué potestad tiene atribuida la Comunidad Autónoma de Galicia, con la finalidad de satisfacer los intereses generales:

a) La Xunta de Galicia tiene atribuida la potestad de autoorganización, que la faculta, de acuerdo con el ordenamiento jurídico, para estructurar, establecer el régimen jurídico y dirigir y fijar los objetivos de la función pública gallega.

b) La Comunidad Autónoma de Galicia tiene atribuida la potestad de organización, que la faculta, de acuerdo con el ordenamiento jurídico, para estructurar, establecer el régimen jurídico y dirigir y fijar los objetivos de la función pública gallega.

c) La Comunidad Autónoma de Galicia tiene atribuida la potestad de autoorganización, que la faculta, de acuerdo con el ordenamiento jurídico, para estructurar, establecer el régimen jurídico de la función pública gallega.

d) La Comunidad Autónoma de Galicia tiene atribuida la potestad de autoorganización, que la faculta, de acuerdo con el ordenamiento jurídico, para estructurar, establecer el régimen jurídico y dirigir y fijar los objetivos de la función pública gallega.

12. Indica qué es una relación de puestos de trabajo:

a) Es un instrumento jurídico de carácter público que incluye todos los puestos de trabajo de naturaleza funcionarial y laboral existentes en cada una de las administraciones públicas incluidas en el ámbito de aplicación de la Ley 2/2015.

b) Es un instrumento técnico de carácter público que incluye todos los puestos de trabajo de naturaleza funcionarial y laboral existentes en cada una de las administraciones públicas incluidas en el ámbito de aplicación de la Ley 2/2015.

c) Es un instrumento técnico de carácter público que incluye todos los puestos de trabajo de naturaleza funcionarial y laboral existentes en cada una de las administraciones públicas incluidas en el ámbito de aplicación de la Ley 3/2015.

d) Es un instrumento técnico de carácter público que incluye todos los puestos de trabajo de naturaleza laboral existentes en cada una de las administraciones públicas incluidas en el ámbito de aplicación de la Ley 2/2015.

13. Indica el contenido mínimo, por cada puesto, de las relaciones de puestos de trabajo:

a) El código alfanumérico, denominación y naturaleza jurídica. La clasificación profesional. El sistema de provisión.

b) La adscripción orgánica. El complemento retributivo del puesto.

c) Los requisitos y, en los casos en que proceda, las áreas funcionales, méritos, capacidades, experiencia o categoría profesional para su provisión.

d) Todas son correctas.

14. Indica qué principios presiden la selección de los empleados públicos:

a) Igualdad, con especial atención a la igualdad de oportunidades entre mujeres y hombres y de las personas con discapacidad.

b) Transparencia y objetividad en el desarrollo de los procesos selectivos y en el funcionamiento de los órganos de selección.

c) Imparcialidad y profesionalidad de los miembros de los órganos de selección.

d) Todas son correctas.

15. Indica si la renuncia es una causa de pérdida de la condición de personal funcionario:

a) No.

b) Sí.

c) Si es social, sí.

d) Ninguna es correcta.

16. Indica quién puede acceder al empleo público como personal funcionario en igualdad de condiciones con las personas de nacionalidad española:

a) Las personas que posean la nacionalidad de otros estados miembros de la Unión Europea.

b) Las personas, cualquiera que sea su nacionalidad, que sean cónyuges de personas que posean la nacionalidad española o de otros estados miembros de la Unión Europea, siempre que no estén separadas de derecho.

c) Las personas, cualquiera que sea su nacionalidad, descendientes de personas que posean la nacionalidad española o de otros estados miembros de la Unión Europea, siempre que sean menores de 21 años o mayores de dicha edad dependientes.

d) Todas son correctas.

17. Indica si el personal de elección o de designación política puede formar parte de un órgano de selección:

a) Sí.

b) No.

c) Depende del proceso.

d) Ninguna es correcta.

18. Indica cómo es el procedimiento de oposición:

a) La oposición consiste en la superación de las pruebas teóricas que se establezcan en la convocatoria, las cuales deberán permitir determinar la capacidad de las personas aspirantes y establecer el orden de prelación entre ellas.

b) La oposición consiste en la superación de las pruebas prácticas que se establezcan en la convocatoria, las cuales deberán permitir determinar la capacidad de las personas aspirantes y establecer el orden de prelación entre ellas.

c) La oposición consiste en la superación de las pruebas teóricas y/o prácticas que se establezcan en la convocatoria, las cuales deberán permitir determinar la capacidad de las personas aspirantes y establecer el orden de prelación entre ellas.

d) Ninguna es correcta.

19. Indica qué es el concurso:

a) Es el procedimiento extraordinario de provisión de puestos de trabajo por el personal funcionario y consiste en la valoración de los méritos y capacidades y, en su caso, aptitudes de los candidatos conforme a las bases establecidas en la correspondiente convocatoria.

b) El concurso consiste en la valoración exclusiva de los méritos que se señalen en la convocatoria.

c) Es el procedimiento normal de provisión de puestos de trabajo por el personal interino y consiste en la valoración de capacidades y, en su caso, aptitudes de los candidatos conforme a las bases establecidas en la correspondiente convocatoria.

d) Es el procedimiento normal de provisión de puestos de trabajo por el personal eventual y consiste en la valoración de los méritos y, en su caso, aptitudes de los candidatos conforme a las bases establecidas en la correspondiente convocatoria.

20. ¿Qué es el concurso-oposición?

a) El concurso-oposición consiste en la superación de las pruebas correspondientes, a las que será de aplicación lo para el concurso tecnico, así como en la posesión previa, debidamente valorada, de determinadas condiciones de formación, méritos o niveles de experiencia.

b) El concurso-oposición consiste en la superación de las pruebas correspondientes, a las que será de aplicación lo para la oposición, así como en la posesión previa, debidamente valorada, de determinadas condiciones de formación o niveles de experiencia.

c) El concurso-oposición consiste en la superación de las pruebas correspondientes, a las que será de aplicación lo para la oposición, así como en la posesión previa, debidamente valorada, de determinadas condiciones de formación, méritos o niveles de experiencia.

d) El concurso-oposición consiste en la superación de las pruebas correspondientes, a las que será de aplicación lo para la oposición, así como en la posesión previa, debidamente valorada, de determinadas condiciones de méritos o niveles de experiencia.

21. Queda excluido del ámbito de aplicación de la Ley 2/2015:

a) El personal funcionario.
b) El personal funcionario de las universidades públicas gallegas.
c) El personal laboral de la Xunta de Galicia.
d) El personal funcionario al servicio de la Administración de justicia en Galicia.

22. Indica qué tipos de concursos existen:

a) Ordinario.
b) Específico.
c) Son correctas a) y b).
d) Ninguna es correcta.

23. Es personal de confianza o de asesoramiento especial conforme a la Ley 2/2015:

a) El personal sanitario.
b) El personal estatutario.
c) El personal eventual.
d) Todas son correctas.

24. El personal funcionario de carrera se seleccionará ordinariamente por:

a) El sistema de oposición o por el sistema de concurso-oposición.
b) Solo en virtud de norma con rango de ley puede aplicarse, con carácter excepcional, el sistema de concurso.
c) Son correctas a) y b).
d) Ninguna es correcta.

25. Indica qué requisitos se deben cumplir, entre otros, para adquirir la condición de funcionario de carrera:

a) Superación del proceso selectivo.
b) Acreditación, en su caso, de que se reúnen los requisitos y condiciones exigidos en la convocatoria del proceso selectivo.
c) Nombramiento por el órgano o autoridad competente, que será publicado en el diario oficial correspondiente.
d) Todas son correctas.

26. La ejecución de la oferta de empleo público ¿en qué plazo improrrogable debe desarrollarse, a contar a partir del día siguiente al de la publicación de aquella en el correspondiente diario oficial?

a) 3 años.
b) 1 año.
c) En el primer trimestre de cada año tras la aprobación.
d) Todas son falsas.

27. ¿Qué edad se requiere para participar en un proceso selectivo?

a) Tener cumplidos los 18 años y no exceder, en su caso, de la edad máxima de jubilación forzosa.
b) Tener cumplidos los 17 años y no exceder, en su caso, de la edad máxima de jubilación forzosa.
c) Tener cumplidos los 19 años y no exceder, en su caso, de la edad máxima de jubilación forzosa.
d) Tener cumplidos los 16 años y no exceder, en su caso, de la edad máxima de jubilación forzosa.

28. Los procesos selectivos de los empleados públicos tendrán:

a) Carácter cerrado y garantizarán la libre concurrencia, sin perjuicio de lo establecido para la promoción interna y de las medidas de discriminación positiva previstas en la Ley 2/2015.
b) Carácter abierto y garantizarán la libre competencia, sin perjuicio de lo establecido para la promoción interna y de las medidas de discriminación positiva previstas en la Ley 2/2015.
c) Carácter abierto y garantizarán la libre concurrencia, sin perjuicio de lo establecido para la promoción externa y de las medidas de discriminación positiva previstas en la Ley 2/2015.
d) Carácter abierto y garantizarán la libre concurrencia, sin perjuicio de lo establecido para la promoción interna y de las medidas de discriminación positiva previstas en la Ley 2/2015.

29. Los procesos selectivos de los empleados públicos se iniciarán mediante convocatoria pública. Indica qué contiene una convocatoria pública:

a) El número de plazas, subgrupo o grupo de clasificación profesional, en el supuesto de que este no tenga subgrupo, cuerpo y, en su caso, escala, o categoría laboral.
b) Las condiciones y requisitos que deben reunir las personas aspirantes.
c) El sistema selectivo aplicable, el cual indicará el tipo de pruebas concretas y los sistemas de calificación de los ejercicios o, en su caso, los baremos de puntuación de los méritos.
d) Todas son correctas.

30. Indica en qué plazo puede el personal funcionario solicitar la prolongación de la permanencia en la situación de servicio activo:

a) Antelación mínima de 2 meses y máxima de 4 meses a la fecha en la que cumpla la edad de jubilación forzosa.

b) Antelación mínima de 3 meses y máxima de 5 meses a la fecha en la que cumpla la edad de jubilación forzosa.

c) Antelación mínima de 3 meses y máxima de 4 meses a la fecha en la que cumpla la edad de jubilación forzosa.

d) Antelación mínima de un mes y máxima de 3 meses a la fecha en la que cumpla la edad de jubilación forzosa.

Solución al test n.º 5

1. a) La Ley 2/2015, de 29 de abril.

2. b) Título III.

3. c) Personal fijo discontinuo.

4. b) Eventual.

5. a) 3 años, ampliables hasta 12 meses más de justificarlo la duración del correspondiente programa.

6. d) El nombramiento del personal eventual es libre.

7. b) En el ámbito de la Administración general de la Comunidad Autónoma de Galicia el personal eventual solo puede ser nombrado por las personas integrantes del Consello de la Xunta para realizar cometidos de asesoramiento especial o apoyo a las mismas en desarrollo de su labor política, en cumplimiento de sus cometidos de carácter parlamentario y en sus relaciones con las instituciones públicas, los medios de comunicación y las organizaciones administrativas, así como actividades protocolarias

8. b) Mérito y capacidad.

9. a) La regulación del régimen jurídico de la función pública gallega y la determinación de las normas aplicables a todo el personal al servicio de las administraciones públicas incluidas en su ámbito de aplicación, en ejercicio de las competencias atribuidas a la Comunidad Autónoma de Galicia en su Estatuto de autonomía y en desarrollo del Estatuto Básico del Empleado Público.

10. c) 9 meses dentro de un período de 18 meses.

11. d) La Comunidad Autónoma de Galicia tiene atribuida la potestad de autoorganización, que la faculta, de acuerdo con el ordenamiento jurídico, para estructurar, establecer el régimen jurídico y dirigir y fijar los objetivos de la función pública gallega.

12. b) Es un instrumento técnico de carácter público que incluye todos los puestos de trabajo de naturaleza funcionarial y laboral existentes en cada una de las administraciones públicas incluidas en el ámbito de aplicación de la Ley 2/2015.

13. d) Todas son correctas.

14. d) Todas son correctas.

15. b) Sí.

16. d) Todas son correctas.

17. b) No.

18. c) La oposición consiste en la superación de las pruebas teóricas y/o prácticas que se establezcan en la convocatoria, las cuales deberán permitir determinar la capacidad de las personas aspirantes y establecer el orden de prelación entre ellas.

19. b) El concurso consiste en la valoración exclusiva de los méritos que se señalen en la convocatoria.

20. c) El concurso-oposición consiste en la superación de las pruebas correspondientes, a las que será de aplicación lo para la oposición, así como en la posesión previa, debidamente valorada, de determinadas condiciones de formación, méritos o niveles de experiencia.

21. d) El personal funcionario al servicio de la Administración de justicia en Galicia.

22. c) Son correctas a) y b).

23. c) El personal eventual.

24. c) Son correctas a) y b).

25. d) Todas son correctas.

26. a) 3 años.

27. d) Tener cumplidos los 16 años y no exceder, en su caso, de la edad máxima de jubilación forzosa.

28. d) Carácter abierto y garantizarán la libre concurrencia, sin perjuicio de lo establecido para la promoción interna y de las medidas de discriminación positiva previstas en la Ley 2/2015.

29. d) Todas son correctas.

30. c) Antelación mínima de 3 meses y máxima de 4 meses a la fecha en la que cumpla la edad de jubilación forzosa.

Ley 7/2023, de 30 de noviembre, para la igualdad efectiva de mujeres y hombres de Galicia: título preliminar, título I, título II: capítulos I y II

1. Según su artículo 1.1, el objeto de la Ley 7/2023, de 30 de noviembre, para la igualdad efectiva de mujeres y hombres de Galicia, es:

a) Actuar contra la violencia que, como manifestación de la discriminación, la situación de desigualdad y las relaciones de poder de los hombres sobre las mujeres, se ejerce sobre éstas por parte de quienes sean o hayan sido sus cónyuges o de quienes estén o hayan estado ligados a ellas por relaciones similares de afectividad, aun sin convivencia.

b) Hacer efectivo el derecho de igualdad de trato y oportunidades entre mujeres y hombres para, en el desarrollo de los artículos 9.2 y 14 de la Constitución y 4 del Estatuto de Autonomía para Galicia, seguir avanzando hacia una sociedad más democrática, más justa y más solidaria.

c) Regular los derechos y deberes de las personas físicas y jurídicas, tanto públicas como privadas, previendo medidas destinadas a eliminar y corregir en los sectores público y privado de la Comunidad Autónoma de Galicia, toda forma de discriminación por razón de sexo.

d) Reforzar el compromiso de la Comunidad Autónoma de Galicia con la eliminación de la discriminación de las mujeres y con la promoción de la igualdad entre mujeres y hombres.

2. Según el artículo 1.2.b) de la Ley 7/2023, es objeto en particular de esta ley, integrar la perspectiva de género en el diseño y desarrollo de las políticas públicas de la competencia de la Administración general de la Comunidad Autónoma de Galicia y de su sector público, de forma:

a) Sostenible.
b) Transversal.
c) Colaborativa.
d) Efectiva.

3. Conforme al artículo 1.2 de la Ley 7/2023, de 30 de noviembre, para la igualdad efectiva de mujeres y hombres de Galicia, esta ley, en particular, tiene como objeto establecer garantías institucionales adicionales para la defensa y promoción de los derechos de igualdad de género, atribuyendo competencias específicas a:

a) El Valedor del Pueblo.

b) La Comisión Consultiva Autonómica para la Igualdad entre Mujeres y Hombres en la Negociación Colectiva.

c) El Consejo Gallego de las Mujeres.

d) La Comisión Interdepartamental de Igualdad.

4. Según el artículo 2 de la Ley 7/2023, la igualdad de trato y de oportunidades entre mujeres y hombres:

a) Es un deber de las Administraciones Públicas gallegas.

b) Es una fuente formal del Derecho autonómico.

c) Es un principio informador del ordenamiento jurídico autonómico.

d) Es un objetivo fundamental del procedimiento administrativo en Galicia.

5. En aplicación del principio de transversalidad de la dimensión de género, la Administración general de la Comunidad Autónoma de Galicia y el sector público autonómico establecen como uno de sus criterios de su actuación y para evitar los efectos negativos sobre los derechos de la mujer, el fomento de la comprensión de la maternidad como:

a) Una función social.

b) Una solución política.

c) Una necesidad existencial.

d) Un don divino.

6. Siguiendo el artículo 20 de la Ley 7/2023, de 30 de noviembre, para la igualdad efectiva de mujeres y hombres de Galicia, la Administración general de la Comunidad Autónoma de Galicia y el sector público autonómico, en aplicación del principio de transversalidad de la dimensión de género, establecen como uno de sus criterios de actuación el fomento de la igualdad de oportunidades en la política económica, laboral y social, a través de (señala la opción incorrecta):

a) La supresión de la brecha salarial y de las diferencias retributivas por razón de sexo.

b) La eliminación de la segregación horizontal y vertical.

c) El fomento del empleo femenino por cuenta propia o ajena.

d) El asociacionismo de las mujeres, la dinamización del tejido asociativo y la creación de redes.

7. Según el artículo 22.1 de la Ley 7/2023, los proyectos de ley presentados en el Parlamento de Galicia por la Xunta de Galicia se acompañarán de:

a) Un Plan Estratégico de Igualdad de Oportunidades.

b) Una estadística o encuesta que posibilite el conocimiento de las diferencias en los valores, roles, situaciones y condiciones, de mujeres y hombres en el ámbito de acción del proyecto o plan.

c) Un informe periódico sobre el conjunto de sus actuaciones en relación con la efectividad del principio de igualdad entre mujeres y hombres.

d) Un informe sobre su impacto de género.

8. Según dispone el artículo 23 de la Ley 7/2023, de 30 de noviembre, para la igualdad efectiva de mujeres y hombres de Galicia, en la tramitación del proyecto de ley de presupuestos generales de la Comunidad Autónoma de Galicia, ¿qué órgano elaborará un informe que permita conocer la situación diferencial de las mujeres y de los hombres en relación con los distintos ámbitos prioritarios de intervención y el análisis de impacto de género de los diferentes programas de gasto?

a) El órgano encargado de la tramitación del proyecto.

b) El órgano competente en materia de planificación presupuestaria en colaboración con el órgano competente en materia de igualdad.

c) El Instituto Gallego de Estadística, en colaboración con el órgano competente en materia de igualdad, y el órgano competente en materia de planificación presupuestaria.

d) El órgano competente en materia de igualdad, en colaboración con el órgano competente en materia de planificación presupuestaria y el Instituto Gallego de Estadística.

9. Según dispone el artículo 25 de la Ley 7/2023, de 30 de noviembre, para la igualdad efectiva de mujeres y hombres de Galicia, si, emitido el informe de impacto de género, durante la tramitación administrativa de un plan de especial relevancia económica, social o cultural, de un reglamento o de un proyecto de ley, surgieran sospechas de un posible impacto de género negativo por la incorporación de nuevas medidas o disposiciones:

a) Se podrá solicitar un informe complementario al órgano competente en materia de igualdad.

b) Al no ser vinculante, el órgano encargado de la tramitación habrá de dejar constancia de las razones que justifican que el informe no se adopte.

c) Se remitirá el texto del reglamento o proyecto a la Xunta de Galicia, para que esta emita su propio informe de impacto de género.

d) Se declarará nulo el proyecto o reglamento, para que se redacte otro totalmente nuevo en su lugar.

10. El Consejo de la Xunta de Galicia, a propuesta del órgano competente en materia de igualdad entre mujeres y hombres, aprobará un plan estratégico de igualdad de oportunidades en el que se incluirán medidas necesarias para conseguir el objetivo de la igualdad efectiva de mujeres y hombres y de la erradicación de la violencia de género en la Comunidad Autónoma de Galicia. Según el artículo 26 de la Ley 7/2023, dicho plan se aprobará de forma:

a) Anual.
b) Bianual.
c) Cuatrienal.
d) Periódica.

11. El artículo 27 de la Ley 7/2023, establece una serie de actuaciones que deberán llevar a cabo la Administración de la Comunidad Autónoma de Galicia y las entidades instrumentales que integran el sector público autonómico en la elaboración de sus estudios y estadísticas. Cuál de las siguientes es una de dichas actuaciones:

a) Excluir sistemáticamente la variable de sexo en las estadísticas, encuestas y recogida de datos que lleven a cabo.
b) Realizar muestras lo suficientemente amplias para evitar que las diversas variables incluidas puedan ser explotadas y analizadas en función de la variable de sexo.
c) Explotar los datos de que disponen de modo que se puedan conocer las diferentes situaciones, condiciones, aspiraciones y necesidades de mujeres y hombres en los diferentes ámbitos de intervención.
d) Establecer e incluir en las operaciones estadísticas nuevos indicadores que posibiliten un mejor conocimiento de las similitudes en los valores, roles, situaciones, condiciones, aspiraciones y necesidades de mujeres y hombres.

12. Conforme al artículo 28 de la Ley 7/2023, de 30 de noviembre, para la igualdad efectiva de mujeres y hombres de Galicia, para elaborar la cuenta satélite de producción doméstica será necesario disponer previamente de:

a) Una encuesta de tiempo.
b) Un informe de impacto de género.
c) La evaluación de cumplimiento de los objetivos del Plan estratégico de igualdad de oportunidades.
d) Los informes complementarios de impacto de género.

13. Según el artículo 31 de la Ley 7/2023, ¿en qué consiste el uso no sexista del lenguaje?

a) En la utilización de ambos géneros de forma arbitraria.
b) En la utilización de expresiones lingüísticamente correctas substitutivas de otras que invisibilizan el femenino o que lo sitúan en un plano secundario respecto al masculino.

c) En la utilización de los dos géneros de forma conjunta; primero el femenino y después el masculino.

d) En la utilización en el lenguaje de expresiones neutras, que no se puedan asociar a ninguno de los géneros.

14. Según el artículo 4.2 de la Ley 7/2023, la situación en que se encuentra una persona que sea, haya sido o pudiera ser tratada, en atención a su sexo, de manera menos favorable que otra en situación comparable, se considera:

a) Discriminación directa.
b) Acoso sexual.
c) Discriminación indirecta.
d) Violencia de género.

15. En virtud del artículo 4.3 de la Ley 7/2023, la situación en que una disposición, criterio o práctica aparentemente neutros pone a personas de un sexo en desventaja particular con respecto a personas del otro:

a) En cualquier caso constituirá discriminación directa.
b) En cualquier caso constituirá discriminación indirecta.
c) No se considera discriminación indirecta si dicha disposición, criterio o práctica pueden justificarse objetivamente en atención a una finalidad legítima y los medios para alcanzar dicha finalidad son necesarios y adecuados.
d) En ningún caso podrá considerarse discriminación.

16. Según el artículo 5.1 de la Ley 7/2023, en el ámbito de acceso al empleo, incluida la formación correspondiente, no constituye discriminación por razón de sexo la diferencia de trato en base a una característica relacionada con el sexo de una persona cuando, debido a la naturaleza de las actividades profesionales concretas o al contexto en que se lleven a cabo, dicha característica constituya un requisito profesional esencial y determinante, siempre y cuando su objetivo sea legítimo y el requisito sea:

a) Proporcionado.
b) Inequívoco.
c) Justo.
d) Mesurable.

17. Según el artículo 7 de la Ley 7/2023, todo trato desfavorable a las mujeres relacionado con el embarazo o la maternidad constituye:

a) Acoso sexual.
b) Acoso por razón de sexo.

c) Discriminación directa por razón de sexo.
d) Discriminación indirecta por razón de sexo.

18. Cómo denomina el artículo 10 de la Ley 7/2023 a la discriminación por razón de sexo que se funda, por parte del sujeto discriminador, en una apreciación incorrecta del embarazo, la maternidad, las obligaciones familiares o el estado civil de la persona víctima:

a) Discriminación sexista prejuiciosa.
b) Discriminación sexista machista.
c) Discriminación sexista por error.
d) Discriminación sexista por asociación.

19. Siguiendo el artículo 11 de la Ley 7/2023, ¿cuándo se produce discriminación sexista interseccional?:

a) Cuando, junto al sexo, concurren o interactúan otra u otras causas de discriminación, generando una forma específica de discriminación.
b) Cuando se sufre por razón del sexo, el embarazo, el parto o la maternidad, de la asunción de obligaciones familiares o del estado civil de otra persona con la que se estuviera relacionado.
c) Cuando una persona es discriminada de manera simultánea o consecutiva por razón de sexo y por otra u otras causas de discriminación.
d) Cuando la recibe el hombre por razón de su paternidad.

20. En virtud del artículo 12 de la Ley 7/2023, cualquier trato adverso o efecto negativo que se produzca en una persona como consecuencia de la presentación por su parte de queja, reclamación, denuncia, demanda o recurso, de cualquier tipo, destinados a impedir su discriminación y a exigir el cumplimiento efectivo del principio de igualdad de trato entre mujeres y hombres, se considerará:

a) Discriminación directa.
b) Discriminación por razón de sexo.
c) Injustificado.
d) Acoso sexual.

21. Según establece el artículo 13 de la Ley 7/2023, con el fin de hacer efectivo el derecho constitucional de la igualdad, los Poderes Públicos de Galicia adoptarán medidas específicas en favor de las mujeres para corregir situaciones patentes de desigualdad de hecho respecto de los hombres. Tales medidas, que serán aplicables en tanto subsistan dichas situaciones, habrán de ser en relación con el objetivo perseguido en cada caso razonables y:

a) Justificadas.
b) Autorizadas judicialmente.

c) Transparentes.
d) Proporcionadas.

22. Siguiendo el artículo 16 de la Ley 7/2023, ¿qué palabra falta en la siguiente frase?: "Con arreglo al ejercicio de los derechos de conciliación de la vida personal, familiar y laboral, como manifestación del derecho de las mujeres y hombres a la libre configuración de su tiempo, se promoverá la .... a través del reparto equilibrado entre mujeres y hombres de las obligaciones familiares, las tareas domésticas y el cuidado de personas dependientes mediante la individualización de los derechos y el fomento de su asunción por parte de los hombres y la prohibición de discriminación basada en su libre ejercicio por parte de estos".

a) Corresponsabilidad.
b) Equiparación.
c) Alternancia.
d) Cooperación.

23. Según dispone el artículo 17 de la Ley 7/2023, a través de la promoción de la igualdad de oportunidades entre mujeres y hombres, se buscará que la igualdad y libertad de las personas, con independencia de su sexo y de los estereotipos de género, sean reales y:

a) Equiparables.
b) Efectivas.
c) Frecuentes.
d) Permanentes.

Solución al test n.º 6

1. d) Reforzar el compromiso de la Comunidad Autónoma de Galicia con la eliminación de la discriminación de las mujeres y con la promoción de la igualdad entre mujeres y hombres.

2. b) Transversal.

3. a) El Valedor del Pueblo.

4. c) Es un principio informador del ordenamiento jurídico autonómico.

5. a) Una función social.

6. d) El asociacionismo de las mujeres, la dinamización del tejido asociativo y la creación de redes.

7. d) Un informe sobre su impacto de género.

8. d) El órgano competente en materia de igualdad, en colaboración con el órgano competente en materia de planificación presupuestaria y el Instituto Gallego de Estadística.

9. a) Se podrá solicitar un informe complementario al órgano competente en materia de igualdad.

10. d) Periódica.

11. c) Explotar los datos de que disponen de modo que se puedan conocer las diferentes situaciones, condiciones, aspiraciones y necesidades de mujeres y hombres en los diferentes ámbitos de intervención.

12. a) Una encuesta de tiempo.

13. b) En la utilización de expresiones lingüísticamente correctas substitutivas de otras que invisibilizan el femenino o que lo sitúan en un plano secundario respecto al masculino.

14. a) Discriminación directa.

15. c) No se considera discriminación indirecta si dicha disposición, criterio o práctica pueden justificarse objetivamente en atención a una finalidad legítima y los medios para alcanzar dicha finalidad son necesarios y adecuados.

16. a) Proporcionado.

17. c) Discriminación directa por razón de sexo.

18. c) Discriminación sexista por error.

19. a) Cuando, junto al sexo, concurren o interactúan otra u otras causas de discriminación, generando una forma específica de discriminación.

20. b) Discriminación por razón de sexo.

21. d) Proporcionadas.

22. a) Corresponsabilidad.

23. b) Efectivas.

TEST N.º 7

Real Decreto Legislativo 1/2013, de 29 de noviembre, por el que se aprueba el Texto Refundido de la Ley General de Derechos de las Personas con Discapacidad y de su Inclusión Social: Título Preliminar; Capítulo V, Sección 1ª, y Capítulo VIII del Título I y Título II

1. Cuando una persona o grupo en que se integra es objeto de un trato discriminatorio debido a su relación con otra por motivo o por razón de discapacidad, se produce:

a) Discriminación directa.
b) Discriminación indirecta.
c) Discriminación relativa.
d) Discriminación por asociación.

2. El principio en virtud del cual la sociedad promueve valores compartidos orientados al bien común y a la cohesión social, permitiendo que todas las personas con discapacidad tengan las oportunidades y recursos necesarios para participar plenamente en la vida política, económica, social, educativa, laboral y cultural, y para disfrutar de unas condiciones de vida en igualdad con los demás, se denomina:

a) Accesibilidad universal.
b) Inclusión social.
c) Normalización.
d) Acción positiva.

3. Se encarga de la recopilación, sistematización, actualización, generación de información y difusión relacionada con el ámbito de la discapacidad:

a) El Observatorio Estatal de la Discapacidad.
b) La Dirección General de Servicios Sociales
c) El Consejo Nacional de la Discapacidad.
d) El Consejo Interterritorial del Sistema Nacional de Salud.

4. El término "discapacidad" según la definición de la OMS engloba varios aspectos. Señalar de los siguientes cuál no es correcto:

a) Deficiencias.
b) Restricciones de la participación.
c) Dificultades sociales.
d) Limitaciones de la actividad.

5. Las restricciones de la participación son:

a) Problemas para participar en situaciones vitales.
b) Dificultades para ejecutar acciones o tareas.
c) Problemas que afectan a una estructura o función corporal.
d) Anomalías psicológicas de las personas.

6. A través de qué norma se aprueba el texto refundido de la Ley general de derechos de las personas con discapacidad y de su inclusión social:

a) Real decreto legislativo 2/2009, de 13 de noviembre.
b) Real decreto legislativo 1/2013, de 29 de noviembre.
c) Real decreto legislativo 1/2009, de 29 de noviembre.
d) Real decreto legislativo 2/2013, de 13 de noviembre.

7. La situación en que se encuentra una persona con discapacidad cuando es tratada de manera menos favorable que otra en situación análoga por motivo de o por razón de su discapacidad, se denomina:

a) Discriminación directa.
b) Discriminación indirecta.
c) Discriminación relativa.
d) Discriminación por asociación.

8. La adopción de medidas de acción positiva a favor de las personas con discapacidad, se entiende, según la Ley general de derechos de las personas con discapacidad y de su inclusión social, que es:

a) Discriminación indirecta.
b) Discriminación legal.
c) Normalización.
d) Igualdad de oportunidades.

9. El principio en virtud del cual las personas con discapacidad deben poder llevar una vida en igualdad de condiciones, accediendo a los mismos lugares, ámbitos, bienes y servicios que están a disposición de cualquier otra persona, se llama principio de:

a) Igualación.
b) Normalización.

c) Accesibilidad.

d) Equiparación.

10. La situación en la que la persona con discapacidad ejerce el poder de decisión sobre su propia existencia y participa activamente en la vida de su comunidad, conforme al derecho al libre desarrollo de la personalidad, se conoce como:

a) Normalización.

b) Inclusión social.

c) Vida independiente.

d) Integración.

11. El principio en virtud del cual las organizaciones representativas de personas con discapacidad y de sus familias participan, en los términos que establecen las leyes y demás disposiciones normativas, en la elaboración, ejecución, seguimiento y evaluación de las políticas oficiales que se desarrollan en la esfera de las personas con discapacidad, se llama principio de:

a) Transversalidad.

b) Participación activa.

c) Normalización.

d) Diálogo civil.

12. El principio en virtud del cual las actuaciones que desarrollan las Administraciones Públicas no se limitan únicamente a planes, programas y acciones específicos, pensados exclusivamente para estas personas, sino que comprenden las políticas y líneas de acción de carácter general en cualquiera de los ámbitos de actuación pública, en donde se tendrán en cuenta las necesidades y demandas de las personas con discapacidad, es el principio de:

a) Participación.

b) Integralidad.

c) Transversalidad.

d) Aplicación.

13. Tendrán la consideración de personas con discapacidad todas aquellas a quienes se les haya reconocido un grado de discapacidad igual o superior al:

a) 25 %.

b) 33 %.

c) 40 %.

d) 45 %.

14. No está recogido expresamente como uno de los principios de la Ley general de derechos de las personas con discapacidad y de su inclusión social:

a) La igualdad entre mujeres y hombres.

b) La vida independiente.

c) Diseño universal o diseño para todas las personas.
d) La igualdad de trato.

15. **Toda conducta no deseada relacionada con la discapacidad de una persona, que tenga como objetivo o consecuencia atentar contra su dignidad o crear un entorno intimidatorio, hostil, degradante, humillante u ofensivo, se considera:**

a) Acoso.
b) Maltrato.
c) Falta.
d) Exclusión.

16. **Las personas con discapacidad tienen derecho a vivir de forma independiente y a participar plenamente en todos los aspectos de la vida. Para ello, los poderes públicos adoptarán las medidas pertinentes para asegurar:**

a) El diálogo civil.
b) La accesibilidad universal.
c) El diseño universal.
d) La participación e inclusión plenas y efectivas en la sociedad.

17. **La ausencia de toda discriminación directa o indirecta por motivo o por razón de discapacidad, en el empleo, en la formación y la promoción profesionales y en las condiciones de trabajo, es lo que se entiende por:**

a) Accesibilidad.
b) Normalización.
c) Discriminación positiva.
d) Igualdad de trato.

18. **A nivel estatal, el procedimiento para el reconocimiento, declaración y calificación del grado de discapacidad está regulado por:**

a) El Real Decreto 888/2022, de 18 de octubre.
b) El Real Decreto 1997/2011, de 23 de noviembre.
c) El Real Decreto 1997/1999, de 20 de diciembre.
d) El Real Decreto 1971/1997, de 20 de noviembre.

19. **¿Cuántas clases de discapacidad contempla la Clasificación Internacional del Funcionamiento de la Discapacidad y de Salud (CIF)?**

a) 3 clases.
b) 5 clases.
c) 6 clases.
d) 2 clases.

20. Uno de los principios de la Ley General de derechos de las personas con discapacidad y de su inclusión social, conforme a su artículo 3 es el respeto de la dignidad ...., la autonomía ...., incluida la libertad de tomar las propias decisiones, y la .... de las personas. Señala ordenadamente que 3 palabras faltan en la anterior frase:

a) Inherente/individual/independencia.
b) Propia/social/libertad.
c) Individual/laboral/igualdad.
d) Adquirida/familiar/aceptación.

21. De conformidad con el artículo 32 de la Ley General de derechos de las personas con discapacidad y su inclusión social, en los proyectos de viviendas protegidas, se programará con las características constructivas y de diseño adecuadas que garanticen el acceso y desenvolvimiento cómodo y seguro de las personas con discapacidad, un mínimo del:

a) 4 %.
b) 7 %.
c) 10 %.
d) 14 %.

22. ¿Cuántas personas asesoras expertas figuran en la composición del Consejo Nacional de la Discapacidad?

a) 4.
b) 12.
c) 20.
d) 32.

23. ¿Con cuántas Vocalías cuenta en su composición el Consejo Nacional de la Discapacidad?

a) 12.
b) 20
c) 24.
d) 44.

24. En relación a la indemnización o reparación a que pueda dar lugar la reclamación correspondiente en virtud de la tutela judicial del derecho a la igualdad de oportunidades de las personas con discapacidad, regulada por el artículo 75 del RDL 1/2013, es cierto que:

a) La indemnización o reparación a que pueda dar lugar la reclamación correspondiente estará limitada por un tope máximo fijado «a priori».
b) La indemnización por daño moral procederá únicamente cuando existan perjuicios de carácter económico.

c) La indemnización por daño moral se valorará atendiendo a las circunstancias de la infracción y a la gravedad de la lesión.

d) No se contempla la indemnización por daño moral.

25. Es cierto que en el proceso jurisdiccional en que se haya suscitado una cuestión de discriminación por motivo de o por razón de discapacidad:

a) Corresponderá a la parte demandante la aportación de una justificación objetiva y razonable, suficientemente probada, de la conducta y de las medidas demandadas.

b) El Juez o Tribunal, a instancia de parte, podrá recabar informe o dictamen de los organismos públicos competentes.

c) Si de las alegaciones de la parte actora se deduce la existencia de indicios fundados de discriminación que lleven a un proceso penal, corresponderá a la parte demandada la aportación de una justificación objetiva y razonable, suficientemente probada, de la conducta y de las medidas adoptadas y de su proporcionalidad.

d) En un proceso contencioso-administrativo contra resolución sancionadora por las alegaciones de la parte actora con indicios fundados de discriminación, corresponderá a la parte demandada la aportación de una justificación objetiva y razonable, suficientemente probada, de la conducta y de las medidas adoptadas y de su proporcionalidad.

Solución al test n.º 7

1. d) Discriminación por asociación.

2. b) Inclusión social.

3. a) El Observatorio Estatal de la Discapacidad.

4. c) Dificultades sociales.

5. a) Problemas para participar en situaciones vitales.

6. b) Real decreto legislativo 1/2013, de 29 de noviembre.

7. a) Discriminación directa.

8. d) Igualdad de oportunidades.

9. b) Normalización.

10. c) Vida independiente.

11. d) Diálogo civil.

12. c) Transversalidad.

13. b) 33 %.

14. d) La igualdad de trato.

15. a) Acoso.

16. b) La accesibilidad universal.

17. d) Igualdad de trato.

18. a) El Real Decreto 888/2022, de 18 de octubre.

19. b) 5 clases.

20. a) Inherente/individual/independencia.

21. a) 4 %.

22. a) 4.

23. d) 44.

24. c) La indemnización por daño moral se valorará atendiendo a las circunstancias de la infracción y a la gravedad de la lesión.

25. b) El Juez o Tribunal, a instancia de parte, podrá recabar informe o dictamen de los organismos públicos competentes.

TEST PARTE ESPECÍFICA

TEST N.º 1

Vigilancia, guarda y custodia de centros de trabajo y unidades administrativas; el control de accesos, la identificación, la información, la atención y recepción de personal de visita; conceptos básicos de las estructuras orgánicas de la Xunta de Galicia y sus consellerías y principales sedes administrativas; las oficinas de información y atención a la ciudadanía. La telefonía

1. No forma parte de la función de apertura de edificios:

a) Gestionar el servicio de guardarropas.
b) Inspeccionar visualmente los elementos estructurales de acceso exteriores.
c) Desconectar el sistema de alarma.
d) Encender las luces principales del edificio.

2. No es cierto que la ronda de seguridad:

a) Incluya verificar el estado general de las instalaciones en materia de seguridad.
b) Se puede realizar en cualquier momento de la jornada.
c) Se realice recorriendo planta a planta, inspeccionando y asegurando cada una de ellas.
d) Incluya comprobar el correcto funcionamiento de los equipos y sistemas de detección y alarma.

3. Las áreas sensibles de un edificio de un organismo público son aquellas zonas, salas o despachos que, por circunstancias concretas, requieran de una atención de seguridad específica. Se consideran como tales:

a) Las plantas más altas del edificio.
b) Las áreas administrativas.
c) Los salones de actos.
d) Las salas de cuartos de máquinas e instalaciones.

4. Señala, de las siguientes, cuál es la opción incorrecta en relación con la inspección de los despachos de dirección y altos cargos:

a) La inspección se realizará todos los días a partir de la finalización del horario laboral normalizado, cuando la dirección o alto cargo y su secretaria o secretario hayan abandonado el edificio.

b) Se comprobará que el despacho esté cerrado; en el caso de que esté abierto, se comprobará la presencia e identidad de quien permanezca en su interior.

c) Si hubiera alguien en el interior, a la salida se cerrarán las puertas y se registrará el hecho como incidencia en el libro oficial de incidencias o aplicación informática correspondiente.

d) Aunque las puertas de los despachos estén cerradas o no se detecten irregularidades desde el exterior, durante la inspección de la ronda de seguridad se deberá entrar para cerciorarse de que todo está correcto en el interior.

5. La puesta en marcha de instalaciones por parte del personal subalterno comprende la puesta a punto y en servicio de... (Señala la opción incorrecta):

a) La calefacción o refrigeración de la sala.

b) Los ordenadores de los distintos puestos administrativos.

c) Los sistemas de ventilación exterior y/o interior.

d) La iluminación artificial y/o natural.

6. Son elementos de las instalaciones de climatización:

a) Los equipos de alumbrado de emergencia.

b) Los sistemas de prevención de sobretensiones y protección con pararrayos.

c) Las motobombas.

d) Los sistemas de abastecimiento de agua contra incendios.

7. Señala la opción correcta relacionada con la función de custodia y control de llaves:

a) La custodia y control de llaves de cualquier edificio de un organismo público es responsabilidad del personal subalterno.

b) Las llaves son para uso exclusivo del personal subalterno, no pudiendo cederse temporalmente bajo ningún concepto a otras personas del centro o ajenas al mismo.

c) Cualquier persona del centro podrá solicitar el uso y disfrute de copias de las llaves de las dependencias en las que trabaje.

d) El subalterno encargado de la custodia y control de llaves del edificio registrará en el libro oficial de registro o aplicación informática los movimientos de llaves, entrega y recogida solicitadas por personal laboral y contratas externas autorizadas por la administración del edificio.

8. La medida preventiva de seguridad que consiste en la supervisión y regulación del tránsito de personas, vehículos y objetos a través de una o varias zonas de un edificio público, se llama:

a) Apertura de instalaciones.

b) Control de accesos.

c) Acreditación de visitantes.

d) Identificación automática.

9. El principal objetivo del control de accesos es:

a) Obtener información de cuántas personas acceden al edificio diariamente.

b) La información al ciudadano sobre el lugar al que se ha de dirigir.

c) Minimizar o descartar riesgos de seguridad derivados de entradas y salidas no autorizadas.

d) Favorecer el uso de la administración electrónica.

10. La norma UNE-EN 60839:2014 cataloga los sistemas de control de accesos de grado 3 como:

a) Alto riesgo.

b) Bajo riesgo.

c) Riesgo entre bajo y medio.

d) Riesgo entre medio y alto.

11. Cuando se exige algún tipo de credencial para acceder al interior de un edificio, la forma de control de accesos será:

a) Regulación del tránsito.

b) Recepción de personas visitantes y usuarios.

c) Registro de movimientos.

d) Apertura de puertas.

12. ¿Cuál de los siguientes es un sistema de credencial material?

a) La huella digital.

b) La cerradura de combinación.

c) El iris de los ojos.

d) La tarjeta de control.

13. ¿Cuál de los siguientes es un sistema credencial de conocimientos?

a) La voz.

b) Los emisores de radiofrecuencia.

c) La cerradura de combinación.

d) La llave magnética.

14. De entre los siguientes sistemas de credenciales, señala cuál es de conocimiento:

a) Emisor de infrarrojos.

b) Tarjeta holográfica.

c) Teclado digital.
d) Geometría de la mano.

15. ¿Cuál de los siguientes es un sistema de credencial personal?

a) Rasgos faciales.
b) Escritura.
c) Emisor de ultrasonido.
d) Llave mecánica.

16. De los siguientes términos, ¿cuál define a los elementos tipo portillos motorizados o pasillos automatizados que se colocan en los puntos de acceso que se utilizan como entrada a los edificios para canalizar la entrada por los lugares indicados y restringir el paso para que solo sea utilizado por personas autorizadas?

a) Alarmas.
b) Tornos.
c) Conserjería.
d) Garitas.

17. De las siguientes opciones, señala la incorrecta en relación al control de accesos de objetos:

a) Los encargados del control de entrada y salida podrán comprobar, cuando así se les encomiende, el contenido de los bultos o paquetes sospechosos que el personal o los usuarios del servicio entren o saquen de los locales.

b) Deben declararse a la entrada los objetos que a la salida pudieran dar lugar a dudas sobre la licitud de su tenencia.

c) No se permitirá la salida de ningún objeto o material de servicio que no haya sido declarado a la entrada, aunque tenga autorización.

d) Cuando por obras, u otra causa, alguna dependencia precise dar salida a un considerable volumen de objetos o material, deberá participarlo al personal de control de entrada y salida para su debido control.

18. El arco detector de metales no es válido para detectar:

a) Herramientas.
b) Drogas.
c) Artefactos explosivos.
d) Armas.

19. El sistema de control de acceso de vehículos puede utilizarse en zonas de aparcamiento exclusivas del organismo y, generalmente, con capacidad para al menos:

a) 10 vehículos.
b) 30 vehículos.

c) 50 vehículos.
d) 100 vehículos.

20. ¿Cuál de los siguientes no es un contenido de la información general?

a) Tramitación electrónica de procedimientos.
b) Subvenciones y ayudas convocadas por la Xunta.
c) Estado de un procedimiento individual en curso.
d) Ofertas públicas de empleo.

21. La información particular, según el Decreto 129/2016, está dirigida:

a) A cualquier persona interesada sin limitaciones.
b) A las entidades bancarias.
c) Solo a personas interesadas o sus representantes legales.
d) A los medios de comunicación.

22. Si la información no puede facilitarse de inmediato, se deberá proporcionar en un máximo de:

a) 5 días.
b) 10 días.
c) 15 días.
d) 30 días.

23. El plazo máximo de respuesta a una sugerencia o queja es de:

a) 7 días.
b) 15 días.
c) 1 mes.
d) 2 meses.

24. ¿En cuál de las siguientes funciones del lenguaje, según el lingüista Jakobson, la intención comunicativa es influir sobre la conducta del receptor para que, por ejemplo, cambie de actitud o se interese por algo?

a) Representativa.
b) Apelativa o conativa.
c) Expresiva o emotiva.
d) Fática o de contacto.

25. Cuando la comunicación va dirigida a un grupo sin precisar nombres de personas, se dice que es una comunicación:

a) Informal.
b) Intrapersonal.
c) Genérica.
d) Vertical.

26. El feedback significa:

a) Alimentación verbal.
b) Impacto emocional.
c) Retroalimentación.
d) Escucha óptima.

27. Parafrasear es una forma de asegurar nuestra comprensión del mensaje diciéndole al cliente lo que pensamos o lo que hemos comprendido:

a) Añadiendo la información no incluida por el cliente.
b) Asegurándonos de que nuestro tono incluye juicio.
c) Asegurándonos de que nuestro tono incluye evaluación.
d) Dando a entender al cliente que queremos saber si entendemos adecuadamente su mensaje.

28. ¿Cuál de los siguientes elementos básicos de la comunicación se refiere al lenguaje en el que emitimos el mensaje?

a) El emisor.
b) El receptor.
c) El canal.
d) El código.

29. Es un fallo en la comunicación:

a) Entender lo que queremos entender.
b) Establecer un clima agradable.
c) Estar dispuestos a oír a la otra persona en sus propios términos.
d) Ser comprensivo con las circunstancias del interlocutor.

30. Según el artículo 9 de la Ley 1/2015, de 1 de abril, de garantía de la calidad de los servicios públicos y de la buena administración ¿cuál de los siguientes mecanismos de atención a la ciudadanía tiene como finalidad facilitar a la ciudadanía los datos necesarios para conocer la organización y las competencias incluidas dentro del sector público autonómico?

a) La acogida.
b) La información.
c) La recepción.
d) El registro de documentos.

31. ¿Qué artículo del Estatuto de Autonomía de Galicia establece el reparto de los poderes autonómicos?

a) Artículo 1.
b) Artículo 9.

c) Artículo 15.
d) Artículo 23.

32. ¿Cuál de los siguientes NO es un órgano superior de la Administración general de la Comunidad Autónoma de Galicia?

a) Consejerías.
b) Vicepresidencias.
c) Presidencia de la Xunta.
d) Direcciones generales.

33. ¿Qué norma regula la organización y funcionamiento de la Administración general y del sector público autonómico de Galicia?

a) Ley 1/1983.
b) Ley 39/2015.
c) Ley 16/2010.
d) Ley 4/2019.

34. ¿Cuál es la sede oficial de la Presidencia de la Xunta de Galicia?

a) San Caetano.
b) San Lázaro.
c) Pazo de Raxoi.
d) Cidade da Cultura.

35. ¿Qué órgano tiene la potestad de crear o suprimir consejerías?

a) Parlamento de Galicia.
b) Secretaría General Técnica.
c) Xunta de Galicia.
d) Presidencia de la Xunta.

36. ¿Cuál es la principal función de los órganos de dirección de la Administración gallega?

a) Redactar leyes.
b) Establecer los planes de actuación.
c) Ejecutar y desarrollar las decisiones.
d) Representar a Galicia.

37. ¿Cuál de estas entidades está adscrita a la Consellería de Sanidad?

a) Fundación Pública Urgencias Sanitarias de Galicia – 061.
b) Fundación Cidade da Cultura.
c) Instituto Gallego del Consumo.
d) Fundación Deporte Gallego.

38. ¿Qué institución dependiente de la Consellería de Presidencia tiene sede en la Calle Madrid 2-4 de Santiago de Compostela?

a) Dirección General de Emergencias e Interior.
b) Dirección General de Justicia.
c) Secretaría General Técnica.
d) Dirección General de Movilidad.

39. ¿Qué entidad depende de la Consellería de Medio Ambiente y Cambio Climático?

a) EGAP.
b) Sogama.
c) Sergas.
d) ACIS.

40. ¿Qué ley regula las oficinas de información y atención a la ciudadanía de la Xunta de Galicia?

a) Ley 16/2010.
b) Ley 39/2015.
c) Ley 1/1983.
d) Ley 4/2019.

41. ¿Cuál de estos colectivos está obligado a relacionarse electrónicamente con la administración pública?

a) Personas físicas mayores de 64 años.
b) Personas jurídicas.
c) Estudiantes de secundaria.
d) Ciudadanía general.

42. ¿Cuál de estas oficinas no es una dirección territorial de la Consellería de Cultura, Lengua y Juventud?

a) Vigo.
b) Lugo.
c) Ourense.
d) Pontevedra.

43. ¿Qué consellería tiene competencias en ordenación del litoral y cambio climático?

a) Consellería del Mar.
b) Consellería de Medio Ambiente y Cambio Climático.

c) Consellería del Medio Rural.
d) Consellería de Agricultura.

44. ¿Qué entidad está adscrita a la Consellería de Economía e Industria?

a) IGVS.
b) ACIS.
c) EGAP.
d) INEGA.

45. ¿Cuál es uno de los principales objetivos de las oficinas de atención a la ciudadanía?

a) Realizar auditorías internas.
b) Garantizar el uso obligatorio de firma electrónica.
c) Asistir a ciudadanos en el uso de medios electrónicos.
d) Imponer sanciones administrativas

Solución al test n.º 1

1. a) Gestionar el servicio de guardarropas.

2. b) Se puede realizar en cualquier momento de la jornada.

3. d) Las salas de cuartos de máquinas e instalaciones.

4. d) Aunque las puertas de los despachos estén cerradas o no se detecten irregularidades desde el exterior, durante la inspección de la ronda de seguridad se deberá entrar para cerciorarse de que todo está correcto en el interior.

5. b) Los ordenadores de los distintos puestos administrativos.

6. c) Las motobombas.

7. d) El subalterno encargado de la custodia y control de llaves del edificio registrará en el libro oficial de registro o aplicación informática los movimientos de llaves, entrega y recogida solicitadas por personal laboral y contratas externas autorizadas por la administración del edificio.

8. b) Control de accesos.

9. c) Minimizar o descartar riesgos de seguridad derivados de entradas y salidas no autorizadas.

10. d) Riesgo entre medio y alto.

11. a) Regulación del tránsito.

12. d) La tarjeta de control.

13. c) La cerradura de combinación.

14. c) Teclado digital.

15. a) Rasgos faciales.

16. b) Tornos.

17. c) No se permitirá la salida de ningún objeto o material de servicio que no haya sido declarado a la entrada, aunque tenga autorización.

18. b) Drogas.

19. a) 10 vehículos.

20. c) Estado de un procedimiento individual en curso.

21. c) Solo a personas interesadas o sus representantes legales.

22. c) 15 días.

23. c) 1 mes.

24. b) Apelativa o conativa.

25. c) Genérica.

26. c) Retroalimentación.

27. d) Dando a entender al cliente que queremos saber si entendemos adecuadamente su mensaje.

28. d) El código.

29. a) Entender lo que queremos entender.

30. b) La información.

31. b) Artículo 9.

32. d) Direcciones generales.

33. c) Ley 16/2010.

34. c) Pazo de Raxoi.

35. d) Presidencia de la Xunta.

36. c) Ejecutar y desarrollar las decisiones.

37. a) Fundación Pública Urgencias Sanitarias de Galicia – 061.

38. b) Dirección General de Justicia.

39. b) Sogama..

40. d) Ley 4/2019.

41. b) Personas jurídicas.

42. a) Vigo.

43. b) Consellería de Medio Ambiente y Cambio Climático.

44. d) INEGA.

45. c) Asistir a ciudadanos en el uso de medios electrónicos.

Reuniones y actuaciones de comunicación: preparación de locales y materiales, nociones básicas de protocolo. Conceptos básicos de gestión de anomalías e incidencias en los centros de trabajo: las unidades de gestión de infraestructuras administrativas de la Xunta de Galicia. Medidas básicas de eficiencia energética en los centros de trabajo (la iluminación, la calefacción y la refrigeración)

1. Señalar la opción incorrecta. En cuanto a la relación con los materiales, el Subalterno tendrá en cuenta:

a) Sillas cómodas y en cantidad suficiente.
b) Reloj que el público puede visualizar.
c) Fotocopiadora lo más alejada posible para evitar interferencias.
d) Hojas blancas o cuadernos para notas.

2. Tenemos distintas posibilidades de disponer el auditorio en función del tipo de reunión. Si encomiendan al Subalterno que organice la sala presentando un grupo que facilite el contacto visual y promueve la interacción, colocará el auditorio:

a) Tipo sala de juntas.
b) Tipo herradura.
c) Tipo conferencia.
d) Tipo cabaret.

3. Para trabajar con grupos pequeños de forma informal, la sala se dispondrá en forma:

a) Mesa redonda.
b) Teatro.
c) Cabaret.
d) Herradura.

4. Transmite audio estéreo y codificado en Dolby Digital y DTS:

a) Conector DVI.
b) Conector Firewire.

c) Cable UTP.
d) Conector XLR.

5. Las reuniones que se estructuran a partir de intereses o necesidades de la organización, se llaman:

a) Reuniones ordinarias.
b) Reuniones formales.
c) Reuniones internas.
d) Reuniones de información.

6. Los eventos organizados como congresos suelen constar de tres partes; señalar la opción incorrecta:

a) Debate.
b) Conclusiones.
c) Taller.
d) Ponencias.

7. ¿En cuál de los siguientes tipos de eventos todos los participantes tienen el derecho y, en ocasiones, también la obligación de participar?

a) Seminario.
b) Simposio.
c) Conferencia.
d) Plenario.

8. En un Simposio:

a) No se realiza exposición de ideas sino que se trata más bien de una charla sobre un tema propuesto.
b) Los expositores no defienden sus posiciones sino que aportan información y conocimientos de aquello en lo que son expertos.
c) Se discute grupal e informalmente sobre un tema determinado.
d) Uno o varios especialistas exponen un tema, para seguidamente iniciar una discusión moderada por un coordinador.

9. ¿En qué tipo de disposición alrededor de una mesa, las presidencias (anfitrión e invitado de honor) se ubican en los extremos de la mesa?

a) Presidencia francesa.
b) Sistema del reloj.
c) Presidencia inglesa.
d) Mesa redonda.

10. La vexilología:

a) Explica y describe los escudos de armas de personas.
b) Estudia las banderas, pendones y estandartes.
c) Estudia los uniformes.
d) Estudia la simbología de los tratamientos protocolarios.

11. Señalar la opción incorrecta. Tienen tratamiento de Excelentísimo Señor, Excmo./a Sr./Sra.:

a) Los Secretarios de Estado.
b) Presidente del Tribunal Constitucional.
c) Directores Generales.
d) Presidente del Tribunal de Cuentas.

12. El Alcalde de Madrid tiene tratamiento de:

a) Ilustrísimo.
b) Excelentísimo.
c) Señoría.
d) Ilustrísima Señoría.

13. Señalar la respuesta incorrecta. Cuando se utilice la bandera de España, la colocaremos:

a) Ocupará siempre un lugar modesto y poco visible.
b) Si está junto a otras banderas, la de España ocupará un lugar preeminente.
c) Si está junto a otras banderas, las restantes no podrán tener mayor tamaño.
d) Si está junto a otras banderas, la de España ocupará un lugar de máximo honor.

14. ¿Cómo se llama el conector que tiene 15 pines en tres filas de 5 cada una?

a) HDMI.
b) DVI.
c) Euroconector.
d) VGA o RGB.

15. Es el típico conector de antena que se emplea como portador de la información recogida por la antena y que va al televisor, y también de la tensión continua requerida por los amplificadores de antena:

a) Conector aerial o RF.
b) RCA.
c) Euroconector.
d) JACK.

16. Conecta un dispositivo móvil con un proyector de forma inalámbrica para la reproducción de todo tipo de contenidos:

a) RCA.
b) iProjection.
c) I-link.
d) Conector aerial.

17. ¿Qué se considera una anomalía en el centro de trabajo?

a) Una discusión entre compañeros.
b) Un grifo que gotea.
c) Un retraso en la entrega de tareas.
d) Un cambio de jefe.

18. ¿Qué organismo coordina las unidades de gestión de infraestructuras administrativas en Galicia?

a) Ministerio de Sanidad.
b) Instituto Nacional de Estadística.
c) Agencia Gallega de Infraestructuras.
d) Dirección General de Tráfico.

19. ¿Cuál es la temperatura máxima permitida para la calefacción según el RD-ley 14/2022?

a) 21 °C.
b) 18 °C.
c) 22 °C.
d) 19 °C.

20. ¿Qué función realiza el personal subalterno respecto a la climatización?

a) Revisión técnica de calderas.
b) Control de encendido/apagado de calefacción.
c) Redacción de informes energéticos.
d) Instalación de sistemas nuevos.

21. ¿Cuál es un ejemplo de incidencia?

a) Una lámpara fundida.
b) Una gotera en el techo.
c) Un visitante molesto.
d) Un estante flojo.

22. ¿Qué documento técnico regula la eficiencia energética en los edificios españoles?

a) BOE energético.
b) Plan Energético Nacional.
c) Código Técnico de la Edificación.
d) Reglamento de Instalaciones Térmicas.

23. ¿Qué sistema permite ajustar automáticamente la intensidad lumínica según la luz natural?

a) Interruptores manuales.
b) Reguladores automáticos.
c) Balastos magnéticos.
d) Lámparas incandescentes.

24. ¿Qué característica define una bomba de calor de alta eficiencia?

a) Funciona solo en verano.
b) Usa combustible sólido.
c) Consume menos energía para generar calor.
d) Solo sirve para oficinas.

25. ¿Cuál de estos ejemplos corresponde a una medida pasiva de refrigeración?

a) Instalación de aire acondicionado.
b) Sustitución del refrigerante.
c) Plantación de vegetación en exteriores.
d) Uso de bombas de calor.

26. ¿Qué debe hacer un trabajador al detectar una anomalía urgente?

a) Esperar al día siguiente para comunicarla.
b) Ignorarla si no afecta a su trabajo.
c) Arreglarla por su cuenta.
d) Comunicarla de inmediato por los cauces establecidos.

27. ¿Qué consumo puede representar la iluminación en un edificio administrativo?

a) 20 %–40 %.
b) 10 %.
c) 5 %.
d) 50 %–60 %.

28. ¿Cuál de estas funciones pertenece al personal de las unidades de infraestructuras?

a) Elaborar presupuestos autonómicos.
b) Emitir tarjetas de identificación.
c) Redactar leyes.
d) Organizar campañas políticas.

29. ¿Qué normativa clasifica los edificios según su consumo energético?

a) RD 235/2013.
b) RD 14/2022.
c) RD 31/1995.
d) RD 1978/2005.

30. ¿Qué tipo de energía debe limitarse en un edificio según el DB HE?

a) Energía renovable.
b) Energía solar.
c) Energía hidráulica.
d) Energía primaria no renovable.

31. ¿Qué herramienta digital permite gestionar incidencias en tiempo real?

a) Blog interno.
b) Teléfono fijo.
c) Aplicaciones móviles.
d) Folletos informativos.

32. ¿Cuáles son los colores de los cables, con los que se identifican las fases en los circuitos trifásicos de corriente alterna?

a) Negro, marrón y gris.
b) Verde, rojo y amarillo.
c) Violeta, malva y celeste.
d) Negro, marrón y verde amarillo.

33. ¿Qué es lo primero que hay que hacer cuando vamos a proceder a la reparación de un enchufe?

a) Comprobar si tiene tres hilos.
b) Desconectar la corriente.
c) Quitar los tornillos.
d) Comprobar la conexión de los cables.

34. ¿Qué es el ICP?

a) Interruptor diferencial.
b) Interruptor de cruce.
c) Interruptor común polivalente.
d) Interruptor de control de potencia.

35. Los fusibles sirven para:

a) Interrumpir la corriente cuando hay sobrecarga.
b) Limitar la fuerza de la corriente.
c) Alumbrar en caso de emergencia.
d) Contabilizar el paso de la corriente.

36. Para ajustar y sujetar tubos de fontanería emplearemos:

a) La llave allen.
b) La llave inglesa.
c) La llave grifa.
d) La llave escuadra.

37. ¿Para qué sirve un sifón?

a) Para evitar los malos olores.
b) Para cortar el agua.
c) Para evitar escape de agua.
d) Para cerrar el paso al agua del desagüe.

38. A la llave ajustable también se le conoce como:

a) Llave allen.
b) Llave inglesa.
c) Llave de cadena.
d) Llave fija.

39. Las purgas de aire tratan de:

a) Conocer la presión del agua de la tubería.
b) Conocer la temperatura a la presión de tubería del agua.
c) Insertar las burbujas de aire en las tuberías.
d) Eliminar las burbujas de aire en las tuberías.

40. El carpintero, para efectuar cortes de ángulos de 45 y 90 grados, utilizará:

a) El granete.
b) El tornillo de banco.

c) La caja ingletadora.
d) La escofina.

41. ¿Qué clase de tablero se fabrica a partir de virutas de madera encoladas con resinas sintéticas?

a) Tablero de okumé.
b) Tablero de ébano.
c) Chapón marino.
d) Tablero de aglomerado.

42. Cuando hacemos mezcla de arena u otras sustancias con cal, cemento u otro aglomerante y agua, habremos hecho:

a) Azulejo.
b) Mortero.
c) Yeso.
d) Bovedilla.

43. Para extender masas de revoque y enlucidos, ¿qué herramienta de las siguientes utilizaremos?

a) Cincel.
b) Pisón.
c) Escaravel.
d) Llana.

44. ¿Cómo se llama al revestimiento o segunda mano que se da a los muros realizados con material para que presenten una superficie unida y tersa?

a) Revoco.
b) Enfoscado.
c) Enlucido.
d) Fratasado.

45. Para resolver el problema de las señales de brochazos sobre la pintura es preciso:

a) Lijar la superficie y darle una capa muy fina.
b) Dar varias capas para lograr igualar la superficie.
c) Extender una capa gruesa de pintura.
d) Repasar la pintura cuando aún no está totalmente seca.

Solución al test n.º 2

1. c) Fotocopiadora lo más alejada posible para evitar interferencias.

2. b) Tipo herradura.

3. c) Cabaret.

4. d) Conector XLR.

5. b) Reuniones formales.

6. c) Taller.

7. d) Plenario.

8. b) Los expositores no defienden sus posiciones sino que aportan información y conocimientos de aquello en lo que son expertos.

9. c) Presidencia inglesa.

10. b) Estudia las banderas, pendones y estandartes.

11. c) Directores Generales.

12. b) Excelentísimo.

13. a) Ocupará siempre un lugar modesto y poco visible.

14. d) VGA o RGB.

15. a) Conector aerial o RF.

16. b) iProjection.

17. b) Un grifo que gotea.

18. c) Agencia Gallega de Infraestructuras.

19. d) 19 °C.

20. b) Control de encendido/apagado de calefacción.

21. c) Un visitante molesto.

22. c) Código Técnico de la Edificación.

23. b) Reguladores automáticos.

24. c) Consume menos energía para generar calor.

25. c) Plantación de vegetación en exteriores.

26. d) Comunicarla de inmediato por los cauces establecidos.

27. a) 20 %–40 %.

28. b) Emitir tarjetas de identificación.

29. a) RD 235/2013.

30. d) Energía primaria no renovable.

31. c) Aplicaciones móviles.

32. a) Negro, marrón y gris.

33. b) Desconectar la corriente.

34. d) Interruptor de control de potencia.

35. a) Interrumpir la corriente cuando hay sobrecarga.

36. c) La llave grifa.

37. a) Para evitar los malos olores.

38. b) Llave inglesa.

39. d) Eliminar las burbujas de aire en las tuberías.

40. c) La caja ingletadora.

41. d) Tablero de aglomerado.

42. b) Mortero.

43. d) Llana.

44. c) Enlucido.

45. a) Lijar la superficie y darle una capa muy fina.

TEST N.º 3

Trabajos auxiliares de oficina: la reprografía y escaneado; el guillotinado; la grapadura, el taladro y la encuadernación; el plastificado; la destrucción de documentación; el ensobrado y el etiquetado. Tipos de papel

1. Para horadar o perforar hojas con objeto de introducirlas en archivadores AZ, utilizaremos:

a) La ensobradora.
b) La guillotina.
c) La taladradora.
d) La cizalla.

2. ¿Qué tipo de escáner se utiliza para escanear elementos frágiles?

a) De rodillo.
b) De tambor.
c) De cama plana.
d) Cenital.

3. Son máquinas reproductoras:

a) Las guillotinadoras.
b) Las encuadernadoras.
c) Los escáneres.
d) Las plastificadoras.

4. Las fotocopiadoras electroestáticas se caracterizan porque:

a) Usan papel normal.
b) El documento original es barrido por un rayo de luz intensa que proyecta la imagen sobre un tambor por donde se distribuye el tóner, que adhiriéndose a la zona donde hay imagen, reproduce el original.

c) La imagen se transfiere al papel que, al calentarse, fija el pigmento sobre la copia.

d) La imagen a reproducir se proyecta directamente sobre el papel especial cuya superficie queda sensibilizada con cargas eléctricas.

5. La medida 420 x 297 mm corresponde a un:

a) A3.
b) A4.
c) B5.
d) B1.

6. En la fase de calentamiento de la fotocopiadora, ¿pueden realizarse copias?

a) Únicamente en las fotocopiadoras profesionales.
b) Sí.
c) No.
d) A veces se pueden realizar en las fotocopiadoras personales.

7. Si vamos a realizar fotocopias sin servirnos del alimentador recirculante de originales, ¿cómo dejaremos la cubierta superior de la máquina?

a) Preferiblemente abierta.
b) Cerrada.
c) Necesariamente abierta.
d) Si la cubierta superior no está cerrada, la máquina no funciona.

8. ¿Qué máquinas hacen al papel inservible e ilegible?

a) Las máquinas destructoras.
b) Las máquinas fresadoras.
c) Las taladradoras.
d) Las cizallas.

9. De las siguientes, es una impresora de impacto:

a) La impresora láser.
b) La impresora multifunción.
c) La impresora de inyección de tinta.
d) La impresora de margarita.

10. Las encuadernadoras:

a) Son máquinas capaces de obtener una copia exacta de un documento original mediante un proceso electrostático.

b) Son máquinas cuya función es la destrucción de papel, de forma que quede absolutamente inservible e ilegible.

c) Se utilizan para ordenar y presentar adecuadamente los documentos, clasificándolos e incorporándoles portadas.

d) Se utilizan para plastificar documentos, con objeto de preservarlos de manchas o del deterioro.

11. La plancha tipográfica en la que se ha reproducido una composición o un grabado para su posterior impresión, se llama:

a) Tóner.
b) Reset.
c) Starter.
d) Cliché.

12. El tóner es:

a) La "tinta" de la fotocopiadora.
b) El alimentador de la fotocopiadora.
c) El sistema de transporte de la fotocopiadora.
d) El tono de impresión requerido para una copia.

13. El "canutillo" es un tipo de:

a) Grapado.
b) Encuadernado.
c) Plastificado.
d) Franqueado.

14. La resma es:

a) Un tipo de papel.
b) Una medida tradicional para contar hojas de papel.
c) Un formato de papel.
d) El papel sobrante después del guillotinado.

15. Los escáneres de las fotocopiadoras son del tipo:

a) Escáneres de rodillo.
b) Escáneres de mano.
c) Escáneres cenitales.
d) Escáneres de cama plana.

16. ¿Qué impresora contiene una esfera con varios caracteres que gira hasta posicionar el carácter pretendido en frente de un pequeño martillo?

a) Impresora de margarita.
b) Impresora de agujas.

c) Impresora láser.
d) Impresora de línea.

17. ¿Qué tres colores utilizan las impresoras para hacer copias a color?

a) Negro, amarillo y Cian.
b) Amarillo, Cian y magenta.
c) Negro, Cian y magenta.
d) Negro, blanco y magenta.

18. ¿Qué tipo de máquina consigue su propósito al proyectar directamente la imagen a reproducir sobre el papel especial cuya superficie queda sensibilizada con cargas eléctricas?

a) Electrostáticas.
b) Reprográficas.
c) Xerográficas.
d) Multifunción.

19. Se utilizan para seleccionar el número de ejemplares que deseamos fotocopiar, así como para introducir el número de control en el caso de que la máquina cuente con clave de acceso:

a) Teclas reiniciar.
b) Teclas avance.
c) Teclas coloreadas.
d) Teclas numéricas.

20. En la Bandeja de Alimentación o Bandeja de alimentación manual es posible poner un número de hojas de copia (aproximadamente 50 hojas) para que sean automáticamente alimentadas hacia la copiadora. Esta bandeja se utiliza cuando se desea copiar en:

a) Color.
b) Papel especial.
c) Menor tiempo.
d) Menor número de ejemplares.

21. En relación al cambio de consumibles de la fotocopiadora, el Personal Subalterno que tenga encomendadas tareas vinculadas con las fotocopiadoras normalmente solo se ocupará de cambiar:

a) Los fotorreceptores.
b) Los cartuchos de tóner y mantener la carga de papel.
c) Los rodillos de presión.
d) El cable de alimentación a la red eléctrica.

22. Los componentes esenciales de una multicopista son los siguientes. Señala la respuesta incorrecta:

a) Un tambor rotatorio o sistema porta-clichés.
b) El tóner.
c) Un sistema de admisión del papel.
d) Un sistema de cilindros para el paso y salida del papel impreso.

23. Para cambiar el máster, una vez que se ha colocado el nuevo rollo de máster, debemos:

a) Retirar el rollo de máster usado.
b) Abrir la cubierta de la unidad de máster.
c) Cerrar la cubierta de la unidad de alimentación del máster.
d) Insertar el borde del papel del rollo de máster.

24. Una de las normas generales sobre el funcionamiento de la multicopista digital indica que, mientras imprime:

a) Sujete las cubiertas para que no caigan.
b) No mueva la máquina.
c) Disminuya la temperatura de la habitación.
d) Manténgase a 1 m de la máquina.

25. Si la máquina multicopista está encendida y la fuente de alimentación proporciona menos del 90% de la cantidad especificada, podemos esperar que:

a) Disminuya la velocidad de impresión.
b) Disminuya la densidad de la imagen.
c) Disminuya la calidad de la copia.
d) Aparezcan marcas del rodillo de alimentación.

26. Cuál de las siguientes características no es propia del formato GIF:

a) Admite una paleta de hasta 16 millones de colores.
b) Es un formato idóneo para publicar dibujos en la web.
c) Profundidad de color de 8 bits.
d) Diseñado específicamente para comprimir imágenes digitales.

27. ¿Qué tipo de máquina utilizaremos para cortar 50 folios?

a) Guillotina.
b) Cizalla.
c) Cizalla de rodillo.
d) Cizalla de palanca.

28. En cuanto a los formatos de papel, ¿qué serie fue establecida principalmente para formatos de sobres?

a) A.
b) B.
c) C.
d) D.

29. ¿Qué formato de papel de la serie A se suele usar para dibujos técnicos, planos o pósteres?

a) A0.
b) A1.
c) A2.
d) A3.

30. ¿Qué tamaño de papel se define como la media geométrica del tamaño de A(n) y el tamaño de A(n-1)?

a) Serie A.
b) Serie B.
c) Serie C.
d) Serie D.

Solución al test n.º 3

1. c) La taladradora.

2. d) Cenital.

3. c) Los escáneres.

4. d) La imagen a reproducir se proyecta directamente sobre el papel especial cuya superficie queda sensibilizada con cargas eléctricas.

5. a) A3.

6. c) No.

7. b) Cerrada.

8. a) Las máquinas destructoras.

9. d) La impresora de margarita.

10. c) Se utilizan para ordenar y presentar adecuadamente los documentos, clasificándolos e incorporándoles portadas.

11. d) Cliché.

12. a) La "tinta" de la fotocopiadora.

13. b) Encuadernado.

14. b) Una medida tradicional para contar hojas de papel.

15. d) Escáneres de cama plana.

16. a) Impresora de margarita.

17. b) Amarillo, Cian y magenta.

18. a) Electrostáticas.

19. d) Teclas numéricas.

20. b) Papel especial.

21. b) Los cartuchos de tóner y mantener la carga de papel.

22. b) El tóner.

23. c) Cerrar la cubierta de la unidad de alimentación del máster.

24. b) No mueva la máquina.

25. c) Disminuya la calidad de la copia.

26. a) Admite una paleta de hasta 16 millones de colores.

27. a) Guillotina.

28. c) C.

29. a) A0.

30. b) Serie B.

Registros: el registro presencial y el registro electrónico: REXEL; la sede electrónica de la Xunta de Galicia: calendario y hora oficiales, sistemas de identificación y firma, Carpeta ciudadana; los sujetos obligados. Catálogo de servicios. Chave365

1. En las disposiciones de creación de registros electrónicos no es necesario especificar:

a) Los días declarados como inhábiles.
b) La caducidad del registro.
c) El órgano o unidad responsable de su gestión.
d) La fecha y hora oficial.

2. El proceso tecnológico que permite convertir un documento en soporte papel o en otro soporte no electrónico en un fichero electrónico que contiene la imagen codificada, fiel e íntegra del documento, se conoce en la LPACAP como:

a) Automatización.
b) Fotocopiado.
c) Autenticación.
d) Digitalización.

3. Aquellos documentos e informaciones cuyo régimen especial establezca una forma de presentación en el registro distinta a la que se haya utilizado:

a) No se tendrán por presentados.
b) Paralizarán el procedimiento hasta que sean presentados reglamentariamente.
c) Solo producirán efectos si el instructor ve necesaria su inclusión.
d) Se tendrán por presentados pero no podrán generar derechos.

4. El funcionamiento del registro electrónico:

a) Permitirá la presentación de documentos todos los días hábiles del año durante la jornada laboral de su personal.
b) El inicio del cómputo de los plazos que hayan de cumplir las Administraciones Públicas vendrá determinado por la fecha y hora de presentación en el registro electrónico de cada Administración u Organismo.

c) Los documentos se considerarán presentados por el orden de hora efectiva en el que fueron aceptados por el funcionario habilitado al efecto.

d) El registro electrónico de cualquier Administración u Organismo se regirá a efectos de cómputo de los plazos, por la fecha y hora oficial indicada por el Central European Time.

5. ¿Qué calendario de días inhábiles se aplicará en los registros electrónicos a efectos del cómputo de plazos?

a) El que se publique al efecto en el Boletín Oficial del Estado para todos los registros.

b) El que se publique al efecto en el Boletín Oficial de la Comunidad Autónoma para todos los registros ubicados en ella.

c) El que determine la sede electrónica del registro de cada Administración Pública u Organismo.

d) El que determine la sede electrónica del ayuntamiento en cuyo municipio se ubique el registro.

6. No es una función del registro de documentos:

a) Conservar adecuadamente el documento.

b) Informar sobre el contenido del documento.

c) Dar constancia de la existencia o no de un documento.

d) Informar sobre el lugar donde se encuentra el documento.

7. ¿Cuáles son las modalidades del sistema integrado de atención a la ciudadanía según la Ley 1/2015?

a) Presencial, telemática y postal.

b) Telefónica, presencial y mediante SMS.

c) Presencial, telefónica y telemática.

d) Telefónica, telemática y escrita.

8. ¿Cuál de los siguientes elementos NO tiene la condición de registro electrónico?

a) El Registro Electrónico General.

b) Las oficinas de registro auxiliares.

c) Los registros electrónicos instrumentales.

d) Los buzones de correo electrónico corporativo.

9. ¿Dónde está ubicada la única Oficina de Registro General de la Xunta de Galicia?

a) Edificio administrativo de San Caetano, Santiago de Compostela.

b) Edificio administrativo de San Lázaro.

c) Parlamento de Galicia.

d) Delegación Territorial de A Coruña.

10. ¿Qué oficinas dependen de la Oficina de Registro General?

a) Oficinas comarcales.
b) Oficinas de registro auxiliares.
c) Registros parroquiales.
d) Registros provinciales.

11. ¿Quién crea, modifica o suprime las oficinas de registro auxiliares?

a) El Parlamento Gallego.
b) El Consejo de Gobierno.
c) La consellería competente en administraciones públicas mediante orden.
d) El presidente de la Xunta.

12. ¿Cuál es la presunción de certeza de la fecha y hora de presentación?

a) Solo se aplica si el registro es electrónico.
b) No es válida si se presenta fuera del horario laboral.
c) Solo se aplica en registros auxiliares.
d) A efectos de acreditar el cumplimiento de plazos por los interesados.

13. ¿Qué tipo de documentos NO se registrarán según el artículo 15 del Decreto 191/2011?

a) Documentos con firma electrónica.
b) Documentos publicitarios o anónimos sin base legal.
c) Solicitudes con modelo normalizado.
d) Comunicaciones entre ciudadanos.

14. ¿Qué validez tiene una copia compulsada de un documento original?

a) Solo sirve para archivo interno.
b) Tiene la misma validez que el original en el procedimiento concreto.
c) No tiene validez legal alguna.
d) Solo se admite en procedimientos judiciales.

15. ¿Qué se entiende por registro electrónico?

a) Una base de datos interna para seguimiento de expedientes.
b) Un canal para la atención telefónica de la ciudadanía.
c) El instrumento utilizado para la recepción o remisión electrónica de solicitudes, escritos, comunicaciones y documentos.
d) Un sistema exclusivo para comunicaciones internas de la Administración.

16. ¿Cuál es la disponibilidad horaria del Registro Electrónico General?

a) Todos los días del año, las 24 horas.
b) Solo en días laborables, de 8:00 a 15:00.

c) De lunes a viernes, salvo festivos.
d) Durante el horario administrativo oficial.

17. ¿Cuál es la norma que regula específicamente el funcionamiento de REXEL en el ámbito de la Xunta de Galicia?

a) Ley 39/2015, de 1 de octubre.
b) Ley 4/2019, de 17 de julio.
c) Decreto 193/2021, de 29 de julio.
d) Real Decreto 203/2021.

18. ¿Qué documento se genera automáticamente tras presentar una solicitud a través de REXEL?

a) Certificado digital.
b) Informe de estado.
c) Acuse de solicitud.
d) Justificante de registro.

19. ¿Cuál de las siguientes NO es una característica técnica de REXEL?

a) Firma biométrica.
b) Accesibilidad.
c) Seguridad.
d) Interoperabilidad.

20. ¿Quiénes están obligados a utilizar REXEL según el art. 14 de la LPACAP?

a) Solo las personas físicas.
b) Únicamente los funcionarios públicos.
c) Personas jurídicas, empleados públicos y representantes de obligados.
d) Ciudadanos extranjeros exclusivamente.

21. El ENI tiene como objetivo principal:

a) Garantizar el pago seguro de tasas electrónicas.
b) Interconectar registros mercantiles.
c) Asegurar la interoperabilidad entre administraciones.
d) Regular el comercio electrónico.

22. La base legal del Esquema Nacional de Seguridad (ENS) vigente es:

a) Real Decreto 3/2010.
b) Real Decreto 311/2022.
c) Ley 40/2015.
d) Ley 4/2019, de Galicia.

23. ¿Qué sistema permite la conexión de REXEL con otras administraciones públicas?

a) SIR.
b) Cl@ve.
c) DIR3.
d) RED Sara.

24. Una persona física NO obligada a relacionarse electrónicamente con la Administración:

a) Está obligada a usar REXEL.
b) Solo puede presentar documentos presencialmente.
c) No puede acceder a la Sede Electrónica.
d) Puede optar voluntariamente por usar REXEL.

25. ¿Cuál de los siguientes elementos forma parte del justificante de presentación de REXEL?

a) Firma del funcionario receptor.
b) Código QR de seguimiento.
c) Número de registro y huella digital del documento.
d) Foto del solicitante.

26. ¿Qué ventaja NO se menciona como propia de REXEL?

a) Accesibilidad universal.
b) Agilización de procedimientos.
c) Reducción del uso de papel.
d) Gestión de recursos humanos.

27. Se define como "dirección electrónica disponible para los ciudadanos a través de redes de telecomunicaciones cuya titularidad, gestión y administración corresponde a una Administración Pública, órgano o entidad administrativa en el ejercicio de sus competencias":

a) Sede electrónica.
b) Administración electrónica.
c) Página web de una Administración Pública.
d) Estándar abierto.

28. A efectos del cómputo de plazo fijado en días hábiles o naturales, y en lo que se refiere a cumplimiento de plazos por los interesados, la presentación en un registro electrónico de una solicitud en un día inhábil:

a) Se entenderá efectuada en ese mismo momento, puesto que el registro electrónico no tiene días inhábiles.
b) Se entenderá realizada en la primera hora del primer día hábil siguiente, salvo que una norma permita expresamente la recepción en día inhábil.

c) Se entenderá realizada en la misma hora que se ha efectuado, pero del primer día hábil siguiente.

d) No tiene validez.

29. Según el artículo 41.1 de la LRJSP, se entiende por actuación administrativa automatizada:

a) Cualquier acto o actuación realizada íntegramente a través de medios electrónicos por una Administración Pública en el marco de un procedimiento administrativo y en la que no haya intervenido de forma directa un empleado público.

b) Cualquier acto o actuación realizada al menos en parte a través de medios electrónicos por una Administración Pública en el marco de un procedimiento administrativo y en la que no haya intervenido de forma directa un empleado público.

c) Cualquier acto o actuación realizada íntegramente a través de medios electrónicos por una Administración Pública en el marco de un procedimiento administrativo y en la que haya intervenido de forma directa un empleado público.

d) Cualquier acto o actuación realizada al menos en parte a través de medios electrónicos por una Administración Pública en el marco de un procedimiento administrativo y en la que haya intervenido de forma directa un empleado público.

30. En relación con la firma electrónica del personal al servicio de las Administraciones Públicas, es cierto que:

a) En ningún caso, los sistemas de firma electrónica podrán referirse solo el número de identificación profesional del empleado público.

b) La actuación de una Administración Pública, órgano, organismo público o entidad de derecho público, cuando utilice medios electrónicos, se realizará mediante firma electrónica del titular del órgano o empleado público.

c) Cada Administración Pública determinará los sistemas de firma electrónica que debe utilizar su personal, los cuales deberán identificar de forma separada al titular del puesto de trabajo o cargo y a la Administración u órgano en la que presta sus servicios.

d) Con el fin de favorecer la interoperabilidad y posibilitar la verificación automática de la firma electrónica de los documentos electrónicos, cuando una Administración utilice sistemas de firma electrónica distintos de aquellos basados en certificado electrónico reconocido o cualificado, para remitir o poner a disposición de otros órganos, organismos públicos, entidades de Derecho Público o Administraciones la documentación firmada electrónicamente, deberá superponer un sello electrónico basado en un certificado electrónico reconocido.

31. Según el artículo 11 del Real Decreto 203/2021, de 30 de marzo, por el que se aprueba el Reglamento de actuación y funcionamiento del sector público por medios electrónicos, NO es un contenido mínimo que toda sede electrónica ha de poner a disposición de las personas interesadas:

a) La normativa reguladora del Registro al que se acceda a través de la sede electrónica.

b) La relación de sistemas de identificación y firma electrónica que sean admitidos o utilizados en la misma.

c) La identificación del acto o disposición de creación y el acceso al mismo, directamente o mediante enlace a su publicación en el Boletín Oficial correspondiente.
d) Relación histórica de los servicios, procedimientos y trámites publicados.

32. Conforme al artículo 9.2 de la LPACAP, los interesados podrán identificarse electrónicamente ante las Administraciones Públicas a través de cualquier sistema que cuente con un registro previo como usuario que permita garantizar su:

a) Identidad.
b) Motivación.
c) Consentimiento.
d) Ubicación.

33. Procedimiento de verificación de la identidad digital de un sujeto en sus interacciones en el ámbito digital:

a) Identificación.
b) Autenticación.
c) Certificación.
d) Cualificación.

34. ¿Qué finalidad principal tiene la Carpeta ciudadana de la Xunta de Galicia según la Ley 4/2019?

a) Limitar el acceso a servicios municipales de forma presencial.
b) Acercar de forma personalizada la administración a la ciudadanía.
c) Tramitar exclusivamente ayudas sociales.
d) Impedir que los ciudadanos modifiquen sus datos personales.

35. ¿Quién es responsable de la actualización y veracidad de los contenidos de la Carpeta ciudadana?

a) El ciudadano exclusivamente.
b) El Parlamento gallego.
c) Los órganos de la Administración general y entidades instrumentales de Galicia.
d) El Ministerio del Interior.

36. Cuando los interesados se correspondan con colectivos de personas físicas que por razón de su capacidad económica o técnica, dedicación profesional u otros motivos acreditados tengan garantizado el acceso y disponibilidad de los medios tecnológicos precisos:

a) Estarán obligados a utilizar siempre medios electrónicos para comunicarse con la Administración.
b) Podrán elegir el medio con el que comunicarse con la Administración.

c) Las Administraciones Públicas podrán establecer reglamentariamente la obligatoriedad de comunicarse con ellas utilizando sólo medios electrónicos.

d) Tendrán las mismas obligaciones que cualquier persona física en su relación con la Administración.

37. ¿Qué se entiende por "uso abusivo" de un servicio público?

a) Presentarse sin cita previa.

b) Obstaculizar de forma irracional o desproporcionada el funcionamiento del servicio.

c) Usarlo repetidamente por necesidad personal.

d) Solicitar información sin compromiso.

38. ¿Qué herramienta centraliza el conocimiento de los servicios públicos autonómicos?

a) El Diario Oficial de Galicia.

b) La carpeta fiscal del ciudadano.

c) El Registro Mercantil autonómico.

d) La Guía de procedimientos y servicios.

39. ¿Cuál es la validez del usuario de CHAVE365?

a) Un año desde el alta.

b) Dos años desde el alta.

c) Cuatro años desde el alta.

d) La validez del usuario es permanente, sólo será necesario actualizar la contraseña al menos una vez al año.

40. El sistema de claves concertadas Chave365 se basa en un mecanismo de clave disociada compuesta por tres partes diferenciadas. Señala la opción incorrecta:

a) Código de usuario.

b) Código de firma.

c) Código de acceso.

d) Código de identificación.

Solución al test n.º 4

1. b) La caducidad del registro.

2. d) Digitalización.

3. a) No se tendrán por presentados.

4. b) El inicio del cómputo de los plazos que hayan de cumplir las Administraciones Públicas vendrá determinado por la fecha y hora de presentación en el registro electrónico de cada Administración u Organismo.

5. c) El que determine la sede electrónica del registro de cada Administración Pública u Organismo.

6. a) Conservar adecuadamente el documento.

7. c) Presencial, telefónica y telemática.

8. d) Los buzones de correo electrónico corporativo.

9. a) Edificio administrativo de San Caetano, Santiago de Compostela.

10. b) Oficinas de registro auxiliares.

11. c) La consellería competente en administraciones públicas mediante orden.

12. d) A efectos de acreditar el cumplimiento de plazos por los interesados.

13. b) Documentos publicitarios o anónimos sin base legal.

14. b) Tiene la misma validez que el original en el procedimiento concreto.

15. c) El instrumento utilizado para la recepción o remisión electrónica de solicitudes, escritos, comunicaciones y documentos.

16. a) Todos los días del año, las 24 horas.

17. c) Decreto 193/2021, de 29 de julio.

18. d) Justificante de registro.

19. a) Firma biométrica.

20. c) Personas jurídicas, empleados públicos y representantes de obligados.

21. c) Asegurar la interoperabilidad entre administraciones.

22. b) Real Decreto 311/2022.

23. a) SIR.

24. d) Puede optar voluntariamente por usar REXEL.

25. c) Número de registro y huella digital del documento.

26. d) Gestión de recursos humanos.

27. a) Sede electrónica.

28. b) Se entenderá realizada en la primera hora del primer día hábil siguiente, salvo que una norma permita expresamente la recepción en día inhábil.

29. a) Cualquier acto o actuación realizada íntegramente a través de medios electrónicos por una Administración Pública en el marco de un procedimiento administrativo y en la que no haya intervenido de forma directa un empleado público.

30. b) La actuación de una Administración Pública, órgano, organismo público o entidad de derecho público, cuando utilice medios electrónicos, se realizará mediante firma electrónica del titular del órgano o empleado público.

31. d) Relación histórica de los servicios, procedimientos y trámites publicados.

32. a) Identidad.

33. b) Autenticación.

34. b) Acercar de forma personalizada la administración a la ciudadanía.

35. c) Los órganos de la Administración general y entidades instrumentales de Galicia.

36. c) Las Administraciones Públicas podrán establecer reglamentariamente la obligatoriedad de comunicarse con ellas utilizando sólo medios electrónicos.

37. b) Obstaculizar de forma irracional o desproporcionada el funcionamiento del servicio.

38. d) La Guía de procedimientos y servicios.

39. c) Cuatro años desde el alta.

40. d) Código de identificación.

TEST N.º 5

La documentación administrativa y su notificación. La práctica de las notificaciones administrativas: conceptos básicos de las notificaciones electrónica y en papel. La notificación infructuosa

1. El artículo 26.2 de la Ley 39/2015 (LPACAP), exige para ser válidos "contener información de cualquier naturaleza en un soporte electrónico según un formato determinado y susceptible de identificación y tratamiento diferenciado", a:

a) Las notificaciones administrativas.
b) Las comunicaciones electrónicas.
c) Los documentos electrónicos.
d) Los certificados electrónicos.

2. En relación a los documentos electrónicos administrativos, no es cierto que:

a) Para ser considerados válidos, los documentos electrónicos administrativos deberán disponer de los datos de identificación que permitan su individualización, sin perjuicio de su posible incorporación a un expediente electrónico.
b) A menos que su naturaleza exija otra forma más adecuada de expresión y constancia, las Administraciones Públicas emitirán los documentos administrativos por escrito, a través de medios electrónicos.
c) Los documentos electrónicos emitidos por las Administraciones Públicas que se publiquen con carácter meramente informativo requieren firma electrónica para ser considerados documentos administrativos.
d) Cualquier documento electrónico emitido por una Administración Pública requerirá que se identifique su origen aunque no forme parte de un expediente administrativo.

3. No requieren de firma electrónica:

a) Los documentos electrónicos enviados por email.
b) Los documentos electrónicos que se publiquen con carácter meramente informativo.
c) Los documentos electrónicos que formen parte de un expediente administrativo.
d) Los documentos electrónicos en general.

4. Se entiende por documentos públicos administrativos:

a) Las notificaciones y resoluciones de un procedimiento administrativo.
b) Los enviados formalmente a una Administración Pública.
c) Los comunicados de los órganos oficiales.
d) Los válidamente emitidos por las Administraciones Públicas.

5. Es un documento de decisión:

a) La notificación.
b) El informe.
c) El acuerdo.
d) El oficio.

6. Los documentos de decisión:

a) Son aquellos que comunican la existencia de hechos o actos a otras personas, órganos o entidades.
b) Contienen una declaración de conocimiento de un órgano administrativo cuya finalidad es la acreditación de actos, hechos o efectos.
c) Contienen una declaración de juicio de un órgano administrativo, persona o entidad pública o privada, sobre las cuestiones de hecho o de derecho que sean objeto de un procedimiento administrativo.
d) Contienen una declaración de voluntad de un órgano administrativo sobre materias de su competencia.

7. A diferencia de una notificación, las comunicaciones:

a) No trasladan actos de decisión.
b) Acredita hechos, circunstancias, juicios o acuerdos.
c) Contienen una declaración de juicio de un órgano administrativo.
d) Son el instrumento por el que el ciudadano se relaciona con la actividad de las Administraciones Públicas.

8. ¿Cómo se llama el documento que contiene una o varias peticiones de un ciudadano dirigidas a promover la acción del órgano administrativo al que se dirige?

a) Petición.
b) Alegación.
c) Solicitud.
d) Recurso.

9. Por regla general, los documentos administrativos constan de tres partes:

a) Emisor, texto y firma.
b) Encabezamiento, cuerpo y pie.
c) Asunto, destinatario y emisor.
d) Antefirma, nombre del emisor y rúbrica.

10. Es un documento de los ciudadanos:

a) Informe.
b) Certificado.
c) Oficio.
d) Alegación.

11. Es un documento de constancia:

a) Certificado.
b) Resolución.
c) Oficio.
d) Informe.

12. La Ley 7/2014, de 26 de septiembre, de archivos y documentos de Galicia, en su artículo 4 la define como "el conjunto de funciones, procesos y medios que, integrados en la gestión administrativa general y aplicados con carácter transversal y de modo continuo en el seno del Sistema de Archivos de Galicia, sirven para garantizar la autenticidad, la fiabilidad, la integridad y la disponibilidad de los documentos a lo largo del tiempo, así como para la configuración del patrimonio documental de Galicia":

a) La clasificación de archivos.
b) La ordenación de archivos.
c) La gestión documental.
d) La custodia documental.

13. Señala la opción incorrecta. Los documentos de titularidad pública de la Comunidad Autónoma de Galicia son:

a) Inembargables.
b) Inalienables.
c) Imprescriptibles.
d) Inclasificables.

14. Procedimiento administrativo en virtud del cual se realiza la entrega, ordenada y relacionada por escrito, de los documentos desde las oficinas o desde un archivo a otro, así como el traspaso de las responsabilidades relativas a su custodia, conservación y acceso:

a) Transferencia documental.
b) Descatalogación.
c) Privatización.
d) Registro documental.

15. No es cierto que toda notificación deba contener:

a) Indicación de si el acto es o no definitivo en la vía administrativa.
b) El texto íntegro de la resolución.

c) La expresión de los recursos que proceden.
d) La motivación de la resolución.

16. En relación a las notificaciones, no es cierto que:

a) Deban contener el texto íntegro de la resolución.
b) Se practicarán preferentemente por medios electrónicos.
c) Las que contengan medios de pago a favor de los obligados deberán efectuarse por medios electrónicos.
d) En los procedimientos iniciados a solicitud del interesado, la notificación se practicará por el medio señalado al efecto por el interesado.

17. Con independencia del medio utilizado, las notificaciones serán válidas siempre que permitan tener constancia de: (señalar la opción incorrecta)

a) Su envío o puesta a disposición.
b) Un extracto del contenido esencial.
c) La identidad fidedigna del remitente y destinatario de la misma.
d) La recepción o acceso por el interesado o su representante.

18. Según el artículo 44 de la LPACAP, podemos considerar situaciones de notificación infructuosa: (señalar la opción incorrecta)

a) Cuando intentada la notificación, no se hubiese podido practicar.
b) Cuando los interesados en un procedimiento sean desconocidos.
c) Cuando el interesado o su representante rechace la notificación.
d) Cuando se ignore el lugar de la notificación.

19. Cuando el interesado fuera notificado por distintos cauces, se tomará como fecha de notificación:

a) La que más convenga al interesado.
b) La de aquélla que se hubiera producido en primer lugar.
c) La de aquélla que se hubiera producido en último lugar.
d) La de la notificación que se emitiera en primer lugar.

20. Cuando la notificación se practique en el domicilio del interesado, y éste no se hallare presente, podrá hacerse cargo de la misma:

a) Cualquier persona mayor de catorce años que se encuentre en el domicilio y haga constar su identidad.
b) Cualquier persona mayor de edad que se encuentre en el domicilio y haga constar su identidad.
c) Cualquier persona con capacidad de obrar que se encuentre en el domicilio y haga constar su identidad.
d) Cualquier persona que se encuentre en el domicilio y haga constar su identidad.

21. Cuando la notificación por medios electrónicos sea de carácter obligatorio, o haya sido expresamente elegida por el interesado, se entenderá rechazada cuando hayan transcurrido desde la puesta a disposición de la notificación sin que se acceda a su contenido:

a) 7 días naturales.
b) 10 días naturales.
c) 15 días naturales.
d) 20 días naturales.

22. Las notificaciones por medios electrónicos se entenderán practicadas:

a) En el momento de su emisión.
b) En el momento en que se produzca el acceso a su contenido.
c) En el momento que el interesado acredite su recepción.
d) En el plazo de 10 días naturales desde su puesta a disposición del interesado.

23. Cuando un acto tenga por destinatario a una pluralidad indeterminada de personas:

a) Podrá ser publicado si así lo establece la norma reguladora del procedimiento.
b) Podrá ser publicado si lo aconsejen razones de interés público apreciadas por el órgano competente.
c) Deberá ser objeto de publicación, surtiendo ésta los efectos de la notificación.
d) No podrá ser publicado.

24. Según el artículo 46 de la LPACAP, si el órgano competente apreciase que la notificación por medio de anuncios o la publicación de un acto lesiona derechos o intereses legítimos:

a) Deberá prever los medios de reparación y/o restitución de los mismos.
b) Deberá limitarse a publicar un extracto del contenido.
c) Deberá omitir la identificación de los interesados.
d) Se limitará a publicar en el Diario oficial que corresponda una somera indicación del contenido del acto y del lugar donde los interesados podrán comparecer, en el plazo que se establezca, para conocimiento del contenido íntegro del mencionado acto y constancia de tal conocimiento.

25. La publicación sustituirá a la notificación en ciertos casos, surtiendo sus mismos efectos. Entre dichos casos no figura:

a) Cuando el acto tenga por destinatario a una pluralidad indeterminada de personas.
b) Cuando la Administración estime que la notificación efectuada a un solo interesado es insuficiente para garantizar la notificación a todos.
c) Cuando se trata de actos integrantes de un procedimiento selectivo o de concurrencia competitiva de cualquier tipo.
d) Cuando el interesado o su representante rechace la notificación de una actuación administrativa.

Solución al test n.º 5

1. c) Los documentos electrónicos.

2. c) Los documentos electrónicos emitidos por las Administraciones Públicas que se publiquen con carácter meramente informativo requieren firma electrónica para ser considerados documentos administrativos.

3. b) Los documentos electrónicos que se publiquen con carácter meramente informativo.

4. d) Los válidamente emitidos por las Administraciones Públicas.

5. c) El acuerdo.

6. d) Contienen una declaración de voluntad de un órgano administrativo sobre materias de su competencia.

7. a) No trasladan actos de decisión.

8. c) Solicitud.

9. b) Encabezamiento, cuerpo y pie.

10. d) Alegación.

11. a) Certificado.

12. c) La gestión documental.

13. d) Inclasificables.

14. a) Transferencia documental.

15. d) La motivación de la resolución.

16. c) Las que contengan medios de pago a favor de los obligados deberán efectuarse por medios electrónicos.

17. b) Un extracto del contenido esencial.

18. c) Cuando el interesado o su representante rechace la notificación.

19. b) La de aquélla que se hubiera producido en primer lugar.

20. a) Cualquier persona mayor de catorce años que se encuentre en el domicilio y haga constar su identidad.

21. b) 10 días naturales.

22. b) En el momento en que se produzca el acceso a su contenido.

23. c) Deberá ser objeto de publicación, surtiendo ésta los efectos de la notificación.

24. d) Se limitará a publicar en el Diario oficial que corresponda una somera indicación del contenido del acto y del lugar donde los interesados podrán comparecer, en el plazo que se establezca, para conocimiento del contenido íntegro del mencionado acto y constancia de tal conocimiento.

25. d) Cuando el interesado o su representante rechace la notificación de una actuación administrativa.

TEST N.º 6

El Servicio postal universal. El Real decreto 437/2024, de 30 de abril, por el que se aprueba el Reglamento de los servicios postales, en desarrollo de lo establecido en la Ley 43/2010, de 30 de diciembre, del servicio postal universal, de los derechos de los usuarios y del mercado postal: títulos I y III. Conceptos de usuario de la aplicación GANES

1. De entre las siguientes Directivas europeas en el ámbito postal, cual resultó definitiva para la aplicación del Servicio Postal Universal, tal como lo conocemos en la actualidad:

a) Directiva 2008/6/CE.
b) Directiva 2002/39/CE.
c) Directiva 97/67/CE.
d) Directiva 2012/8/CE.

2. ¿Cuál es el peso indicado en la Ley Postal para los paquetes incluidos en el servicio postal universal?

a) 15 kg.
b) 20 kg.
c) 10 kg.
d) 25 kg.

3. ¿Sabría indicar en qué fecha entró en vigor el Real decreto 437/2024, de 30 de abril, por el que se aprueba el Reglamento de los servicios postales?

a) El 1 de mayo de 2024.
b) El 20 de mayo de 2024.
c) El 15 de julio de 2024.
d) El 18 de agosto de 2024.

4. A tenor de lo dispuesto en el artículo 2 del Reglamento de los Servicios Postales, la "actividad consistente en cualquier operación realizada en los locales de destino del operador postal a donde ha sido transportado el envío postal de forma inmediatamente previa a su entrega final al destinatario del mismo", se denomina:

a) Recogida.
b) Entrega.
c) Distribución.
d) Clasificación.

5. ¿Cómo se denomina el envío postal caracterizado por ser un "envío cerrado cuyo contenido no se indique ni pueda conocerse, así como toda comunicación materializada en forma escrita sobre soporte físico de cualquier naturaleza, que tenga carácter actual y personal"?

a) Tarjeta postal.
b) Paquete postal.
c) Carta.
d) Publicidad directa.

6. ¿Cuál de entre los siguientes productos postales ofrecidos por Correos cumple con las directrices de servicio postal universal en el ámbito internacional, en cuanto a paquetería se refiere?

a) Paquete azul.
b) Paquete postal.
c) Paq standard internacional.
d) Paquete internacional económico.

7. A efectos del necesario otorgamiento de los correspondientes títulos habilitantes, cada una de estas actividades señaladas como "servicios postales", es susceptible de constituir, por sí misma, un servicio postal. No obstante, en uno de los servicios postales no se da esta afirmación constituyendo una excepción, cuando se presenta de forma aislada. Deberá de señalar de que servicio postal se trata:

a) Recogida.
b) Admisión.
c) Transporte.
d) Entrega.

8. El artículo 13 del Reglamento de los Servicios Postales regula la clasificación de los mimos, clasificándolos en servicios prestados en régimen ordinario y servicios prestados en régimen de servicio especial. Deberá de señalar cuál de las siguientes prestaciones no aplica que un servicio sea considerado como especial:

a) Entrega en propia mano al destinatario del envío.
b) Compromiso de entrega en una fecha u hora determinada.

c) Trato personalizado y prestación de servicios bajo demanda.
d) Un solo intento de entrega.

9. Los sellos de correo y demás signos de franqueo se aprobarán mediante Resolución conjunta de:

a) Los Subsecretarios de Hacienda y de Transportes y Movilidad Sostenible.
b) Los Subsecretarios de Economía y de Transportes y Movilidad Sostenible.
c) Los Subsecretarios de Presidencia y de Economía.
d) Los Subsecretarios de Hacienda y de Interior.

10. ¿Cuál es el peso máximo que pueden tener las comunicaciones escritas, bajo el formato de carta, para estar incluidos en el servicio postal universal?

a) 1 kg.
b) 500 gramos.
c) 800 gramos.
d) 2 kg.

11. Indica la respuesta que es falsa. Se considerarán objetos prohibidos para circular como envíos postales aquellos cuya circulación no se permita por motivos de:

a) Inseguridad.
b) Salud pública.
c) Utilidad general.
d) Protección de los servicios postales.

12. ¿Cuál de los siguientes objetos o sustancias sí que estaría permitido para circular en un envío postal?

a) Animales vivos entre personas físicas.
b) Cocaína entre personas jurídicas.
c) Tabaco entre fabricantes de cigarrillos.
d) Marihuana entre el Instituto Carlos III y el Ministerio de Sanidad.

13. Indica la respuesta que es falsa. En relación con los casilleros domiciliarios que regula el Reglamento de los Servicios Postales:

a) Deben de garantizar la propiedad, el secreto y la violabilidad de los envíos postales.
b) En aquellos inmuebles sujetos al régimen de propiedad horizontal, el número de casilleros será, al menos, igual al número de locales y viviendas susceptibles de aprovechamiento independiente, con otro más debidamente señalizado para la devolución de envíos.
c) Los casilleros domiciliarios deberán estar ordenados, a partir del casillero de devoluciones.
d) El bloque o bloques de casilleros domiciliarios se instalarán en un lugar de fácil acceso que esté bien iluminado y que tenga suficientes garantías de protección contra manipulaciones ilícitas.

14. ¿Cuál es la Ley que regula la admisión de solicitudes, escritos y comunicaciones que los ciudadanos o entidades dirijan a los órganos de las administraciones públicas?

a) La Ley 24/1998.
b) La Ley 43/2002.
c) La Ley 39/2015.
d) La Ley 50/1998.

15. El Reglamento de los Servicios Postales regula la entrega de envíos en entornos especiales. Deberá de indicar cuál es la distancia a partir de la cual se deben de instalar casilleros concentrados pluridomiciliarios en el caso de que se trate de viviendas aisladas que disten de la vía pública habitualmente utilizada por los servicios públicos colectivos:

a) 200 metros.
b) 250 metros.
c) 300 metros.
d) 100 metros.

16. A quien no podrá entregarse un determinado envío postal en el caso de que vaya dirigido a una persona fallecida:

a) Una carta al administrador de la herencia, sin autorización del remitente.
b) Un paquete azul a un hijo del destinatario, sin autorización del remitente.
c) Un periódico al administrador de la herencia, con autorización del remitente.
d) Una tarjeta postal a un hermano, considerado heredero del fallecido, con autorización del remitente del envío.

17. ¿En cuál de los siguientes casos no se podrá rehusar un envío postal?

a) El remitente o la persona autorizada podrán rehusar el envío postal en el momento de la entrega y antes de abrirlo.
b) Se podrá rehusar por el destinatario los envíos de paquetes postales después de examinarlo interiormente, en determinados casos.
c) Una persona autorizada en destino podrá rehusar el envío postal en el momento de la entrega y antes de abrirlo.
d) Una persona autorizada por el destinatario podrá rehusar un paquete postal, siempre antes de abrirlo, en el momento de la entrega.

18. ¿Cuál es el plazo que señala la actual normativa vigente que estarán los envíos con valor declarado abandonados, a disposición de las personas que se consideren con derecho a ellos?

a) 2 años.
b) 3 años.

c) 4 años.
d) 5 años.

19. Cuando en los buzones de admisión de un operador postal aparezcan envíos con signos de franqueo, etiquetas o impresiones de otros operadores postales que presupongan el pago de dichos envíos, el operador postal afectado les requerirá para que, en el plazo máximo de determinado número de días desde la notificación del requerimiento, lleguen a un acuerdo sobre la compensación por los gastos de gestión y almacenaje generados, así como sobre el tratamiento de estos envíos para su curso y entrega final al destinatario. ¿De cuantos días estaríamos hablando?

a) 5 días.
b) 4 días.
c) 3 días.
d) 2 días.

20. De entre los siguientes envíos postales como se catalogaría un envío que contenga un extracto bancario:

a) Tarjeta postal.
b) Carta.
c) Publicidad directa.
d) Catálogo.

21. ¿Cuál de los siguientes datos no son obligatorios que figuren en un casillero domiciliario a los efectos de identificación y entrega de los envíos postales?

a) Piso.
b) Puerta.
c) Numero de casillero.
d) Nombre y apellidos de los residentes en la vivienda.

22. En el caso de entornos de gran desarrollo de construcción y mínima densidad de población, el reparto se efectuará a través de casilleros concentrados pluridomiciliarios cuando concurran, al menos, dos condiciones señaladas en el artículo 31 del Reglamento de los Servicios Postales. Deberá de señalar la proposición donde figuren dos de estas condiciones:

a) Que el número de habitantes censados sea igual o inferior a 25 por hectárea, considerando a estos efectos la superficie urbana / Que el volumen de envíos ordinarios en el entorno no exceda de 5 envíos semanales, de media por domicilio y en cómputo anual.
b) Que el número de viviendas o locales sea igual o inferior a 5 por hectárea, considerando a estos efectos la superficie urbana. / Que el volumen de envíos ordinarios en el entorno no exceda de 5 envíos semanales, de media por domicilio y en cómputo anual.

c) Que el volumen de envíos ordinarios en el entorno no exceda de 3 envíos semanales, de media por domicilio y en cómputo anual. / Que el número de habitantes censados sea igual o inferior a 25 por hectárea, considerando a estos efectos la superficie urbana.

d) Que el número de viviendas o locales sea igual o superior a 10 por hectárea, considerando a estos efectos la superficie urbana. / Que el volumen de envíos ordinarios en el entorno no exceda de 10 envíos semanales, de media por domicilio y en cómputo anual.

23. GANES (Gestión de Albaranes) es una aplicación local que permite la gestión offline (fuera de red, sin necesidad de conexión a internet) de Albaranes de Entrega. Sus principales funcionalidades son (Deberá de indicar la respuesta incorrecta):

a) Registro de Albaranes de Entrega: generación y registro de Albaranes de Entrega válidos para su presentación en los centros de admisión de Correos.

b) Importación y exportación de Albaranes: gestión de la ubicación y almacenamiento de los Albaranes de Entrega de la aplicación.

c) Consulta de Albaranes de Admisión: búsqueda y localización de los Albaranes de Ad misión registrados con la aplicación en el sistema online.

d) Impresión de documentos: obtención de Albaranes de Entrega con una nube de puntos asociada que codifica la información del documento.

24. ¿Cuáles son las características técnicas que deben cumplir los equipos informáticos de los usuarios para poder utilizar la aplicación GANES?

a) 10 MB de espacio en disco (JVM requiere adicionalmente 98 MB) / 256 MB RAM / Procesador Intel o 100% compatible Pentium 166 MHz o superior.

b) 5 MB de espacio en disco (JVM requiere adicionalmente 98 MB) / 256 MB RAM / Procesador Intel o 100% compatible Pentium 166 MHz o superior.

c) 10 MB de espacio en disco (JVM requiere adicionalmente 98 MB) / 100 MB RAM / Procesador Intel o 100% compatible Pentium 166 MHz o superior.

d) 10 MB de espacio en disco (JVM requiere adicionalmente 98 MB) / 256 MB RAM / Procesador Intel o 100% no compatible Pentium 166 MHz o superior.

25. Los datos identificativos del cliente en un albarán implica una serie de datos, entre los que no se encuentra el siguiente:

a) Número de cliente y su nombre.
b) Código de identificación fiscal (CIF).
c) Dirección de la empresa.
d) Número de contrato.

26. Los datos del producto a presentar que figuran en el albarán y que se introducen en los distintos campos de la aplicación están entre los siguientes, salvo uno que deberá de indicar:

a) Provincia de admisión.
b) Tipo de franqueo.
c) Destino.
d) Localidad del remitente.

27. Respecto a las distintas funcionalidades de la aplicación GANES, deberá de indicar aquella que no sería correcta en cuanto a su ejecución:

a) El albarán puede modificarse tantas veces como sea necesario, pulsando "Modificar" desde el detalle.

b) Para imprimir el albarán y su copia debe pulsarse "Imprimir", no existiendo un número límite de veces de impresión del mismo albarán.

c) Para eliminar el albarán del sistema se pulsa "Eliminar".

d) Para crear un nuevo albarán a partir de los datos del albarán registrado se debe pulsar el botón "Pegar".

28. La consulta de albaranes de entrega es una de las funcionalidades de GANES. Deberá de señalar de entre los siguientes campos señalados en las proposiciones aquel que no se encuentra en la aplicación:

a) Código del albarán.

b) Número de envíos.

c) Referencia.

d) Tipo de franqueo.

29. Respecto al registro de los albaranes de entrega, la generación de los números internos de referencia de los albaranes comprobamos que el número interno de referencia es un secuencial de un número determinado de dígitos. Debería de saber cuál es ese número secuencial:

a) 7.

b) 6.

c) 8.

d) 10.

30. Si bien hemos visto como la aplicación GANES es una aplicación off line, ADO, que es la aplicación que paulatinamente está sustituyendo a la anterior, es una aplicación online. ¿Podría señalar cuál de las siguientes proposiciones es cierta, en relación con esta novedosa aplicación?

a) Se accede a través de la oficina virtual de Correos.

b) Permite la gestión de Contratos y Clientes con los que va a trabajar el cliente.

c) Permite el registro y admisión de depósitos (relaciones de albaranes SPU).

d) Todas las anteriores son correctas.

Solución al test n.º 6

1. a) Directiva 2008/6/CE.

2. b) 20 kg.

3. d) El 18 de agosto de 2024.

4. c) Distribución.

5. c) Carta.

6. d) Paquete internacional económico.

7. c) Transporte.

8. d) Un solo intento de entrega.

9. a) Los Subsecretarios de Hacienda y de Transportes y Movilidad Sostenible.

10. d) 2 kg.

11. a) Inseguridad.

12. d) Marihuana entre el Instituto Carlos III y el Ministerio de Sanidad.

13. a) Deben de garantizar la propiedad, el secreto y la violabilidad de los envíos postales.

14. c) La Ley 39/2015.

15. b) 250 metros.

16. a) Una carta al administrador de la herencia, sin autorización del remitente.

17. a) El remitente o la persona autorizada podrán rehusar el envío postal en el momento de la entrega y antes de abrirlo.

18. b) 3 años.

19. c) 3 días.

20. b) Carta.

21. d) Nombre y apellidos de los residentes en la vivienda.

22. a) Que el número de habitantes censados sea igual o inferior a 25 por hectárea, considerando a estos efectos la superficie urbana / Que el volumen de envíos ordinarios en el entorno no exceda de 5 envíos semanales, de media por domicilio y en cómputo anual.

23. c) Consulta de Albaranes de Admisión: búsqueda y localización de los Albaranes de Admisión registrados con la aplicación en el sistema online.

24. a) 10 MB de espacio en disco (JVM requiere adicionalmente 98 MB) / 256 MB RAM / Procesador Intel o 100% compatible Pentium 166 MHz o superior.

25. c) Dirección de la empresa.

26. d) localidad del remitente.

27. d) Para crear un nuevo albarán a partir de los datos del albarán registrado se debe pulsar el botón "Pegar".

28. b) Número de envíos.

29. a) 7.

30. d) Todas las anteriores son correctas.

TEST N.º 7

El traslado, el archivo y el almacenamiento de documentos, expedientes y otros materiales. El almacén de materiales: estanterías, colgadores y espacios de almacenamiento. Los símbolos de riesgo en el almacenaje. La retirada de residuos y su reciclaje

1. El almacenamiento de los productos sueltos, es decir, de aquellos que no están estructurados en forma de unidades de carga, se llama:

a) Almacenamiento en bloque.
b) Almacenamiento a granel.
c) Almacenamiento desordenado.
d) Almacenamiento caótico.

2. ¿Cuál de los siguientes métodos de almacenamiento permite un índice de optimización del espacio empleado del almacén del 100 %?

a) Almacenamiento en bloque mediante estanterías móviles.
b) Almacenamiento con pasillos utilizando carretillas trilaterales.
c) Almacenamiento con pasillos utilizando carretillas elevadoras contrapesadas.
d) Almacenamiento en bloque compacto.

3. La altura máxima de almacenamiento de materiales rígidos lineales es:

a) 3 metros.
b) 6 metros.
c) 10 metros.
d) 12 metros.

4. La altura máxima de carga sobre palet debe ser de:

a) 1,5 metros.
b) 3 metros.
c) 3,5 metros.
d) 6 metros.

5. La carga máxima conjunta recomendada en el almacenamiento mediante paletizado es:

a) 300 kg.
b) 500 kg.
c) 700 kg.
d) 1000 kg.

6. ¿Cuáles son los dos tipos de sistemas de almacenamiento en estanterías metálicas?

a) Almacenamiento cruzado y almacenamiento lineal.
b) Almacenamiento vertical y almacenamiento horizontal.
c) Almacenamiento rígido y almacenamiento flexible.
d) Almacenamiento móvil y almacenamiento estático.

7. No es un elemento del bastidor de una estantería metálica:

a) Puntal.
b) Diagonal.
c) Travesaño.
d) Placa base.

8. Un instrumento manual con horquillas que eleva la carga unos pocos centímetros, lo justo para moverla, es:

a) El apilador.
b) La transpaleta.
c) La carretilla.
d) La plataforma con ruedas.

9. Un polipasto es:

a) Un sistema de poleas.
b) Una carretilla.
c) Un apilador.
d) Una transpaleta.

10. El stock de un almacén es:

a) La cantidad de mercancías que se tienen en depósito.
b) La variedad, o referencias, o artículos que tiene una empresa.
c) La cantidad de bienes adquiridos por la empresa destinados a la venta sin transformación.
d) El sistema de control que la empresa realiza sobre el tráfico de las existencias.

11. Las existencias que se almacenan debido a que no es posible predecir siempre con exactitud el programa de ventas y producción de un producto determinado, constituyen un:

a) Stock de anticipación.
b) Stock por fluctuación.
c) Stock sobrante.
d) Stock por tamaño de lote.

12. ¿Cuál de los siguientes métodos de valoración de existencias se basa en costes históricos?

a) FIFO.
b) LIFO.
c) PMP.
d) NIFO.

13. Es una función del Archivo de Oficina o de Gestión:

a) Establecer y valorar las estrategias que se pueden aplicar para la conservación a medio plazo de los documentos y ficheros electrónicos recibidos.
b) Acreditar las actuaciones y actividades de la unidad productora.
c) Llevar a cabo el proceso de identificación de series y elaborar el cuadro de clasificación.
d) Proporcionar al archivo intermedio las descripciones de las fracciones de serie objeto de cada una de las transferencias.

14. Existirá un archivo de este tipo por lo menos en cada órgano de la Administración de la Comunidad Autónoma, sea un órgano de gobierno, de apoyo, directivo, de asistencia o consultivo, central o periférico, así como en los órganos de dirección y administración del resto de las entidades de derecho público o privado con personalidad jurídica propia vinculados o dependientes de la Xunta de Galicia:

a) Archivo de gestión.
b) Archivo intermedio.
c) Archivo histórico.
d) Archivo central.

15. En relación al Archivo de Galicia, NO es cierto que:

a) Tiene su sede en la ciudad de Santiago de Compostela.
b) Cumple las funciones de archivo histórico del Sistema de Archivos de la Xunta de Galicia en la provincia de A Coruña.
c) Tiene carácter intermedio e histórico.
d) Recibe los documentos procedentes de los diferentes órganos de la Xunta de Galicia o de las entidades públicas dependientes de ella con un ámbito territorial superior a una provincia.

16. El artículo 4 de la Ley gallega 7/2014 lo define como "repositorio centralizado en el que se almacenan y administran documentos electrónicos y toda la información que permita identificar, autenticar, contextualizar dichos documentos y acceder a ellos":

a) Archivo electrónico.
b) Expediente electrónico.
c) Registro electrónico.
d) Archivo de Galicia.

17. El color de seguridad para las señales de advertencia es:

a) El rojo.
b) El azul.
c) El verde.
d) El amarillo o amarillo anaranjado.

18. Las señales de prohibición tendrán forma:

a) Rectangular.
b) De rombo.
c) Redonda.
d) Cuadrada.

19. Se utilizan pictogramas blancos sobre fondo verde para:

a) Señales relativas a los equipos de lucha contra incendios.
b) Señales de salvamento o socorro.
c) Señales de advertencia.
d) Señales de obligación.

20. En relación con el uso de señales acústicas de seguridad, es correcto:

a) El uso simultáneo de dos señales acústicas.
b) El uso de una señal acústica cuando el ruido ambiental ya es demasiado intenso.
c) El sonido de una señal de evacuación deberá ser continuo.
d) Si un dispositivo puede emitir señales acústicas con un tono o intensidad variables o intermitentes, o con un tono o intensidad continuos, se utilizarán las segundas para indicar, por contraste con las primeras, un mayor grado de peligro o una mayor urgencia de la acción requerida.

21. ¿Cuál es el tipo de residuo más habitual en las oficinas públicas?

a) Plásticos.
b) Material de oficina obsoleto.

c) Papel y cartón.

d) Residuos orgánicos.

22. ¿Dónde se deben depositar los residuos plásticos en una oficina de la Xunta de Galicia?

a) Contenedor azul.

b) Contenedor marrón.

c) Contenedor gris.

d) Contenedor amarillo.

23. ¿Cuál es el código LER correspondiente al papel y cartón?

a) 20 01 08.

b) 15 01 02.

c) 20 01 01.

d) 16 06 04.

24. ¿Qué tipo de residuo requiere almacenamiento en zonas ventiladas y suelos impermeables por ser peligroso?

a) Pilas y baterías.

b) Restos de comida.

c) CD y DVD

d) Papel y cartón.

25. ¿Qué normativa introduce el principio de jerarquía en la gestión de residuos?

a) Ley 10/2008 de residuos de Galicia.

b) Directiva 2008/98/CE.

c) Real Decreto 27/2021.

d) Reglamento (UE) 1357/2014.

26. ¿Qué tipo de residuos incluye grapas, clips o anillas metálicas?

a) Residuos RAEE.

b) Residuos metálicos y pequeños objetos.

c) Tóner y cartuchos.

d) Fracción resto.

27. ¿Qué residuos deben depositarse en contenedores marrones cuando estén implantados?

a) Tóner.

b) RAEE.

c) Pilas.
d) Orgánicos y biodegradables.

28. ¿Qué residuos deben ser dados de baja inventarial antes de su retirada?

a) Pilas.
b) Papel y cartón.
c) RAEE.
d) Tóner.

29. ¿Qué normativa estatal vigente regula la gestión de residuos en España actualmente?

a) Ley 22/2011.
b) Ley 7/2022.
c) Decreto 59/2012.
d) Real Decreto 553/2020.

30. ¿Qué tipo de residuos debe gestionarse conforme a las fichas de seguridad?

a) Papel reciclado.
b) Plásticos de embalaje.
c) Productos químicos de limpieza.
d) Grapas y clips.

31. ¿Qué principio obliga a la oficina a gestionar correctamente el residuo hasta su entrega a un gestor autorizado?

a) Responsabilidad del productor.
b) Economía circular.
c) Jerarquía de residuos.
d) Precaución y sostenibilidad.

32. ¿Cuál es la primera etapa del procedimiento de retirada de residuos?

a) Transporte.
b) Recogida interna.
c) Almacenamiento temporal.
d) Identificación y clasificación del residuo.

33. ¿Qué documento debe conservarse al menos 3 años tras la retirada del residuo?

a) Póliza de seguro.
b) Inventario general.
c) Certificado de gestión.
d) Contrato laboral.

34. ¿Qué tipo de residuos deben almacenarse en sus envases originales si es posible?

a) Papel confidencial.
b) Tóner y cartuchos de impresora.
c) RAEE.
d) Material de oficina.

35. ¿Qué estrategia europea pretende que Europa sea climáticamente neutra en 2050?

a) Directiva 2019/904.
b) Estrategia Gallega de Economía Circular.
c) Pacto Verde Europeo.
d) Plan Nacional Integrado de Energía.

Solución al test n.º 7

1. b) Almacenamiento a granel.

2. d) Almacenamiento en bloque compacto.

3. b) 6 metros.

4. a) 1,5 metros.

5. c) 700 kg.

6. d) Almacenamiento móvil y almacenamiento estático.

7. c) Travesaño.

8. b) La transpaleta.

9. a) Un sistema de poleas.

10. a) La cantidad de mercancías que se tienen en depósito.

11. b) Stock por fluctuación.

12. c) PMP.

13. b) Acreditar las actuaciones y actividades de la unidad productora.

14. a) Archivo de gestión.

15. b) Cumple las funciones de archivo histórico del Sistema de Archivos de la Xunta de Galicia en la provincia de A Coruña.

16. a) Archivo electrónico.

17. d) El amarillo o amarillo anaranjado.

18. c) Redonda.

19. b) Señales de salvamento o socorro.

20. c) El sonido de una señal de evacuación deberá ser continuo.

21. c) Papel y cartón.

22. d) Contenedor amarillo.

23. c) 20 01 01.

24. a) Pilas y baterías.

25. b) Directiva 2008/98/CE.

26. b) Residuos metálicos y pequeños objetos.

27. d) Orgánicos y biodegradables.

28. c) RAEE.

29. b) Ley 7/2022.

30. c) Productos químicos de limpieza.

31. a) Responsabilidad del productor.

32. d) Identificación y clasificación del residuo.

33. c) Certificado de gestión.

34. b) Tóner y cartuchos de impresora.

35. c) Pacto Verde Europeo.

TEST N.º 8

Ley 31/1995, de 8 de noviembre, de prevención de riesgos laborales: capítulos I y III. La prevención de riesgos laborales en el manejo de materiales y traslado de cargas. Posturas corporales: la prevención de lesiones en el ejercicio de las funciones. Aspectos básicos de la evacuación de edificios: los planes de actuación ante emergencias

1. ¿Qué se entiende por "riesgo laboral"?

a) La posibilidad de que un trabajador sufra un determinado daño derivado del trabajo.
b) La posibilidad de que un trabajador sufra una enfermedad en el trabajo.
c) La posibilidad de que un trabajador sufra acoso.
d) El riesgo que supone el ir a trabajar.

2. ¿Quién debe garantizar a los trabajadores la vigilancia periódica de su estado de salud en función de los riesgos inherentes al trabajo?

a) La Inspección de Trabajo.
b) El propio trabajador.
c) El empresario.
d) Las secciones sindicales.

3. El derecho básico reconocido a los trabajadores por la Ley 31/1995, de 8 de noviembre, es:

a) La vigilancia de su estado de salud.
b) Una protección eficaz en materia de seguridad y salud en el trabajo.
c) La formación en materia preventiva.
d) La información, consulta y participación.

4. Indicar cuál es la definición de prevención:

a) La probabilidad racional de que un riesgo se materialice de forma inminente.

b) El estudio de los procesos potencialmente peligrosos para el trabajo.

c) Conjunto de actividades o medidas adoptadas o previstas en todas las fases de actividad de la empresa con el fin de evitar o disminuir los riesgos derivados del trabajo.

d) Posibilidad de que un trabajador sufra un determinado daño derivado del trabajo.

5. Señala la respuesta incorrecta:

a) La Ley de Prevención de Riesgos Laborales se aplica a los operativos de Seguridad civil en casos de catástrofe.

b) La Ley de Prevención de Riesgos Laborales se aplica a las sociedades cooperativas.

c) En el ámbito de la relación laboral de carácter especial del servicio del hogar familiar, las personas trabajadoras tienen derecho a una protección eficaz en materia de seguridad y salud en el trabajo.

d) En los establecimientos penitenciarios, se adaptarán a la Ley de Prevención de Riesgos Laborales aquellas actividades cuyas características justifiquen una regulación especial.

6. Entre los principios de la acción preventiva recogidos por el artículo 15 de la Ley de Prevención de Riesgos Laborales, no figura:

a) Evitar los riesgos.

b) Evaluar los riesgos que se puedan evitar.

c) Tener en cuenta la evolución de la técnica.

d) Dar las debidas instrucciones a los trabajadores.

7. Entre las obligaciones de los trabajadores recogidas por la Ley de Prevención de Riesgos Laborales, no figura:

a) Informar directamente al empresario de cualquier situación que entrañe riesgo para la seguridad o salud de los trabajadores.

b) Contribuir al cumplimiento de las obligaciones establecidas por la autoridad competente con el fin de proteger la seguridad y la salud de los trabajadores en el trabajo.

c) Cooperar con el empresario para que este pueda garantizar unas condiciones de trabajo que sean seguras y no entrañen riesgos para la seguridad y la salud de los trabajadores.

d) Utilizar correctamente los medios y equipos de protección facilitados por el empresario, de acuerdo con las instrucciones recibidas de este.

8. ¿Cuándo se deben utilizar los equipos de protección individual?

a) Siempre.

b) Cuando los riesgos no hayan sido evaluados.

c) Cuando los riesgos no se puedan evitar o no puedan limitarse.

d) Cuando el trabajador lo estime oportuno.

9. Cuando los trabajadores estén expuestos a un riesgo grave e inminente con ocasión de su trabajo, y el empresario no adopte o no permita la adopción de las medidas necesarias para garantizar la seguridad y la salud de los trabajadores, la Ley 31/1995, de 8 de noviembre, de Prevención de Riesgos Laborales prevé:

a) Los trabajadores afectados podrán paralizar la actividad.

b) El órgano de representación del personal instará formalmente al empresario a la adopción de las medidas necesarias.

c) Los Delegados de Prevención lo comunicarán a la autoridad laboral, que adoptará las medidas necesarias.

d) El órgano de representación de personal podrá acordar la paralización de la actividad.

10. Según establece el art. 4 de la Ley 31/1995, de 8 de noviembre, de Prevención de Riesgos Laborales, se define como daños derivados del trabajo:

a) La posibilidad de que un trabajador sufra un determinado daño derivado del trabajo.

b) El que resulte probable racionalmente que se materialice en un futuro inmediato y pueda suponer un daño grave para la salud de los trabajadores.

c) Las enfermedades, patologías o lesiones sufridas con motivo u ocasión del trabajo.

d) Cualquier máquina, aparato, instrumento o instalación utilizada en el trabajo.

11. El art. 21 de la LPRL establece los requisitos y el procedimiento para que los representantes legales de los trabajadores acuerden la paralización de la actividad de los trabajadores que están o puedan estar expuestos a un riesgo grave e inminente si el empresario no adopta las medidas necesarias para garantizar la seguridad y salud de los trabajadores. La medida será adoptada por:

a) Acuerdo por mayoría absoluta de sus miembros. Tal acuerdo será comunicado de inmediato a la empresa y a la autoridad laboral, la cual, en el plazo de 48 horas, anulará o ratificará la paralización acordada.

b) Acuerdo por mayoría de 2/3 de sus miembros. Tal acuerdo será comunicado de inmediato a la empresa y a la autoridad laboral, la cual, en el plazo de 24 horas, anulará o ratificará la paralización acordada.

c) Acuerdo por mayoría de sus miembros. Tal acuerdo será comunicado de inmediato a la empresa y a la autoridad laboral, la cual, en el plazo de 48 horas, anulará o ratificará la paralización acordada.

d) Acuerdo por mayoría de sus miembros. Tal acuerdo será comunicado de inmediato a la empresa y a la autoridad laboral, la cual, en el plazo de 24 horas, anulará o ratificará la paralización acordada.

12. El posible cambio de puesto de trabajo con riesgo para una trabajadora embarazada:

a) Deberá realizarse en caso de imposibilidad de adaptación del propio puesto.

b) Se hará previo informe en tal sentido del Servicio de Prevención.

c) Se determinará por el empresario, y dará información a los representantes de los trabajadores.

d) Se extenderá al período de lactancia.

13. La Ley 31/1995 y sus normas de desarrollo son de aplicación en los siguientes ámbitos, excepto uno, indica cuál:

a) Relaciones laborales reguladas en el Texto Refundido de la Ley del Estatuto de los Trabajadores.

b) Relaciones de carácter administrativo o estatutario del personal al servicio de las Administraciones Públicas, con las peculiaridades que se contemplan en la propia Ley o en sus normas de desarrollo.

c) Servicios operativos de protección civil y peritaje forense en los casos de grave riesgo, catástrofe y calamidad pública.

d) Sociedades cooperativas, constituidas de acuerdo con la legislación que les sea de aplicación, en las que existan socios cuya actividad consista en la prestación de un trabajo personal, con las peculiaridades derivadas de su normativa específica.

14. Al conjunto de medios humanos y materiales necesarios para realizar las actividades preventivas a fin de garantizar la adecuada protección de la seguridad y la salud de los trabajadores, asesorando y asistiendo para ello al empresario, a los trabajadores y a sus representantes y a los órganos de representación especializados, se le denomina:

a) Condición de trabajo.

b) Evaluación de los riesgos laborales.

c) Plan de Intervención en materia laboral.

d) Servicio de prevención.

15. La Ley de Prevención de Riesgos laborales, tiene por objeto:

a) Prevenir los accidentes en general.

b) Evitar riesgos en el recorrido al puesto de trabajo.

c) Promover la seguridad y la salud de los trabajadores.

d) Que cada vez haya menos accidentes de tráfico.

16. Según la Ley de Prevención de Riesgos Laborales, la formación teórica y práctica en materia preventiva deberá:

a) Impartirse en horario dentro de la jornada de trabajo.

b) Impartirse por igual en jornada de trabajo y fuera del horario de trabajo.

c) Impartirse, siempre que sea posible, dentro de la jornada de trabajo o, en su defecto, en otras horas pero con el descuento en aquella del tiempo invertido en la misma.

d) La formación teórica siempre debe ser en horario dentro de la jornada de trabajo y la formación práctica puede impartirse tanto dentro como fuera de la jornada de trabajo.

17. Según la Ley de Prevención de Riesgos Laborales, es obligación de los trabajadores en materia de prevención de riesgos:

a) La protección eficaz en materia de seguridad y salud en el trabajo.
b) Utilizar correctamente los medios y equipos de protección facilitados por el empresario, de acuerdo con las instrucciones recibidas de este.
c) Soportar el coste de las medidas relativas a la seguridad y la salud en el trabajo.
d) Desarrollar una acción permanente de seguimiento de la actividad preventiva.

18. No es un paso recomendado para levantar una carga:

a) Planificar el levantamiento.
b) Agarre firme.
c) Evitar giros.
d) Levantamiento rápido.

19. Respecto a la inclinación del tronco en la manipulación manual de cargas, es correcto afirmar que:

a) La manipulación de una carga vigilando el centro de gravedad disminuye el riesgo de lesión en la zona.
b) La postura correcta al manejar una carga es con el tronco inclinado.
c) La postura correcta al manejar una carga es con la espalda derecha.
d) La técnica de levantamiento de la carga no afecta para una correcta manipulación.

20. En general, el peso máximo que se recomienda no sobrepasar en la manipulación manual de cargas es de:

a) 25 kg.
b) 30 kg.
c) 50 kg.
d) 20 kg.

21. Unas condiciones ideales de manipulación manual de cargas incluyen:

a) Levantamientos rápidos y continuados.
b) Espalda inclinada hacia delante.
c) Manejo de la carga sin giros ni inclinaciones.
d) Sujeción del objeto con una posición de la muñeca en ángulo de 90º.

22. En relación con la manipulación manual de cargas, la primera obligación del empresario es:

a) La formación e información de los trabajadores.
b) La vigilancia de la salud.

c) Evaluar los riesgos.
d) Evitar la manipulación manual.

23. A efectos prácticos, la Guía Técnica para la evaluación y prevención de los riesgos derivados de la manipulación manual de cargas considera carga a los objetos de:

a) Más de 1 kg.
b) Más de 3 kg.
c) Más de 5 kg.
d) Menos de 60 kg.

24. El riesgo de lesión será menor:

a) Cuanto más alejada esté la carga del cuerpo.
b) Cuanto más se gire el tronco.
c) Cuanto menor sea la frecuencia de la manipulación.
d) Cuanto menor sea el tiempo de descanso entre manipulaciones.

25. La Guía Técnica para la evaluación y prevención de los riesgos derivados de la manipulación manual de cargas recomienda que la profundidad de la carga no supere:

a) Los 25 cm.
b) Los 35 cm.
c) Los 60 cm.
d) Los 90 cm.

26. Según la Guía Técnica para la evaluación y prevención de los riesgos derivados de la manipulación manual de cargas, desde el punto de vista preventivo, lo ideal es no transportar la carga una distancia superior a:

a) 1 metro.
b) 3 metros.
c) 5 metros.
d) 10 metros.

27. Cuando los trayectos de manipulación manual de cargas no superan los 10 metros, el peso máximo acumulado transportado en una jornada de 8 horas de trabajo será de:

a) 3.000 kg.
b) 6.000 kg.
c) 10.000 kg.
d) 12.000 kg.

28. Se recomienda que en locales interiores el rango de temperaturas para trabajos ligeros se encuentre entre:

a) 10º y 30º.
b) 14º y 25º.
c) 5º y 35º.
d) 20º y 24º.

29. ¿Cuál de las siguientes acciones en la manipulación manual de cargas es correcta?

a) Doblar las piernas manteniendo en todo momento la espalda derecha, y mantener el mentón metido. No flexionar demasiado las rodillas.
b) Juntar los pies para proporcionar una postura estable y equilibrada para el levantamiento.
c) Girar el tronco antes de cambiar de dirección.
d) Sujetar firmemente la carga empleando ambas manos y separarla del cuerpo.

30. Según la Guía Técnica para la evaluación y prevención de los riesgos derivados de la manipulación manual de cargas, aquellas cargas sin asas que pueden sujetarse flexionando la mano 90º alrededor de la carga, se consideran de:

a) Agarre óptimo.
b) Agarre bueno.
c) Agarre regular.
d) Agarre malo.

31. El desplazamiento vertical ideal de una carga es de:

a) Hasta 25 cm.
b) Hasta 50 cm.
c) Hasta 100 cm.
d) Hasta 175 cm.

32. Cuando se maneja una carga entre dos personas la capacidad de levantamiento es:

a) La suma de sus capacidades individuales.
b) Dos tercios de la mayor de las capacidades de los dos trabajadores.
c) Dos tercios de la suma de sus capacidades individuales.
d) La mitad de la suma de sus capacidades individuales.

33. La Guía Técnica recomienda que no se deberían manipular cargas en postura sentada (siempre que sea en una zona próxima al tronco, evitando manipular cargas a nivel del suelo o por encima del nivel de los hombros y giros e inclinaciones del tronco) de más de:

a) 3 kilos.
b) 5 kilos.

c) 10 kilos.
d) 15 kilos.

34. A efectos de la Norma Básica de Autoprotección, se entiende por alarma:

a) El aviso o señal por la que se informa a las personas para que sigan instrucciones específicas ante una situación de emergencia.
b) El conjunto de operaciones o tareas que puedan dar origen a accidentes o sucesos que generen situaciones de emergencia.
c) La situación declarada con el fin de tomar precauciones específicas debido a la probable y cercana ocurrencia de un suceso o accidente.
d) La respuesta a la emergencia, para proteger y socorrer a las personas y los bienes.

35. Avisar de la forma más rápida a los equipos de emergencia del propio establecimiento e informar al resto de los equipos y solicitar en su caso ayudas de intervención externa, cuando se produce una emergencia, es:

a) Alarmar.
b) Alertar.
c) Apremiar.
d) Detectar.

36. Señala qué tipo de sistema de protección contra incendios está compuesto de toma de agua en fachada o en zona fácilmente accesible al Servicio Contra Incendios, con la indicación de «USO EXCLUSIVO BOMBEROS», provista de válvula antiretorno, conexión siamesa, con llaves incorporadas y racores de 70 mm, con tapa y llave de purga de 25 mm y de columna de tubería de acero galvanizado DN80:

a) Bocas de incendios equipadas.
b) Columna seca.
c) Boca hidrante.
d) Columna hidrante exterior.

37. Aquella situación en la que los parámetros definidores del riesgo, evidencian que la materialización del mismo, puede ser inminente, se denomina:

a) Preemergencia.
b) Conato.
c) Emergencia parcial.
d) Emergencia primaria.

38. Aquella situación que puede ser controlada y solucionada de forma sencilla y rápida por el personal y medios de protección del local, dependencias o sector, se llama:

a) Preemergencia.
b) Conato de emergencia.

c) Emergencia parcial.
d) Emergencia primaria.

39. Aquella situación que, para ser dominada, requiere la actuación de equipos especiales del sector, se denomina:

a) Emergencia sectorial.
b) Emergencia básica.
c) Preemergencia.
d) Emergencia parcial.

40. ¿A quién corresponde establecer la situación de emergencia en función del nivel de gravedad?

a) Al Jefe de Intervención.
b) Al Director del Plan de Actuación.
c) Al responsable de los Servicios Públicos de Extinción de Incendios y Salvamento.
d) Al Director del Plan de Autoprotección.

41. En un plan de autoprotección, ¿a qué se denominan "Equipos de Primera Intervención" (EPI)?

a) Son los que en una situación de emergencia organizan en primer lugar la evacuación del edificio a la espera de las instrucciones del Jefe de Emergencia.
b) Son los que en una situación de emergencia acuden al lugar donde se haya producido la emergencia para intentar su control y poner en funcionamiento el sistema de alarma.
c) También llamados Equipos de Protección Individual, incluyen cualquier equipo destinado a ser llevado o sujetado por el trabajador para que le proteja de los riesgos para su seguridad y salud laboral.
d) Son las brigadas contra incendios que actúan cuando la emergencia se considera grave.

42. Asume la dirección y coordinación de los equipos de emergencia en el lugar del accidente:

a) El Jefe de Intervención.
b) El Director del Plan de Actuación.
c) El responsable de los Servicios Públicos de Extinción de Incendios y Salvamento.
d) El Director del Plan de Autoprotección.

43. Su misión es asegurar una evacuación total y ordenar su sector y/o establecimiento y garantizar que se ha dado la alarma. Nos referimos a:

a) El Equipo de Primeros Auxilios (EPA).
b) El Equipo de Segunda Intervención (ESI).

c) El Equipo de Primera Intervención (EPI).
d) El Equipo de Alarma y Evacuación (EAE).

44. Las salidas del establecimiento, planta o inmueble tendrán una señal con el rótulo "SALIDA", excepto en edificios de uso Residencial Vivienda y, en otros usos, cuando se trate de salidas de recintos que sean fácilmente visibles y cuya superficie no exceda de:

a) 50 m^2.
b) 100 m^2.
c) 200 m^2.
d) 400 m^2.

45. Deben disponerse señales indicativas de dirección de los recorridos, visibles desde todo origen de evacuación desde el que no se perciban directamente las salidas o sus señales indicativas y en particular, frente a toda salida de un recinto, que acceda lateralmente a un pasillo, y que tenga una ocupación mayor de:

a) 50 personas.
b) 100 personas.
c) 140 personas.
d) 200 personas.

46. Las señales de salida de uso habitual o de emergencia, cuando la distancia de observación esté comprendida entre 20 y 30 metros, tendrán un tamaño de:

a) 210 x 210 mm.
b) 420 x 420 mm.
c) 594 x 594 mm.
d) 360 x 360 mm.

47. El emplazamiento de los extintores permitirá que sean fácilmente visibles y accesibles, estarán situados próximos a los puntos donde se estime mayor probabilidad de iniciarse el incendio, a ser posible próximos a las salidas de evacuación y preferentemente sobre soportes fijados a paramentos verticales, de modo que la parte superior del extintor quede, como máximo, a:

a) 1,20 metros sobre el suelo.
b) 1,70 metros sobre el suelo.
c) 1 metro sobre el suelo.
d) Ninguna de las respuestas es correcta.

48. Las bocas de incendio equipadas (BIE) se situarán, siempre que sea posible, a una distancia máxima de la salida de cada sector, de:

a) 5 metros.
b) 10 metros.
c) 15 metros.
d) 20 metros.

49. La separación máxima entre cada boca de incendio equipada (BIE) y su más cercana será de:

a) 10 metros.
b) 25 metros.
c) 50 metros.
d) 75 metros.

50. Según el Real Decreto 513/2017, de 22 de mayo, por el que se aprueba el Reglamento de instalaciones de protección contra incendios y la norma UNE-EN2, para un fuego de clase C, utilizaremos un agente extintor:

a) Específico para fuegos de metales.
b) Específico para fuegos de materiales sólidos, generalmente de naturaleza orgánica, cuya combinación se realiza normalmente por la formación de brasas.
c) Específico para fuegos de gases.
d) Específico para fuegos de líquidos o de sólidos licuables.

Solución al test n.º 8

1. a) La posibilidad de que un trabajador sufra un determinado daño derivado del trabajo.

2. c) El empresario.

3. b) Una protección eficaz en materia de seguridad y salud en el trabajo.

4. c) Conjunto de actividades o medidas adoptadas o previstas en todas las fases de actividad de la empresa con el fin de evitar o disminuir los riesgos derivados del trabajo.

5. a) La Ley de Prevención de Riesgos Laborales se aplica a los operativos de Seguridad civil en casos de catástrofe.

6. b) Evaluar los riesgos que se puedan evitar.

7. a) Informar directamente al empresario de cualquier situación que entrañe riesgo para la seguridad o salud de los trabajadores.

8. c) Cuando los riesgos no se puedan evitar o no puedan limitarse.

9. d) El órgano de representación de personal podrá acordar la paralización de la actividad.

10. c) Las enfermedades, patologías o lesiones sufridas con motivo u ocasión del trabajo.

11. d) Acuerdo por mayoría de sus miembros. Tal acuerdo será comunicado de inmediato a la empresa y a la autoridad laboral, la cual, en el plazo de 24 horas, anulará o ratificará la paralización acordada.

12. a) Deberá realizarse en caso de imposibilidad de adaptación del propio puesto.

13. c) Servicios operativos de protección civil y peritaje forense en los casos de grave riesgo, catástrofe y calamidad pública.

14. d) Servicio de prevención.

15. c) Promover la seguridad y la salud de los trabajadores.

16. c) Impartirse, siempre que sea posible, dentro de la jornada de trabajo o, en su defecto, en otras horas pero con el descuento en aquella del tiempo invertido en la misma.

17. b) Utilizar correctamente los medios y equipos de protección facilitados por el empresario, de acuerdo con las instrucciones recibidas de este.

18. d) Levantamiento rápido.

19. c) La postura correcta al manejar una carga es con la espalda derecha.

20. a) 25 kg.

21. c) Manejo de la carga sin giros ni inclinaciones.

22. d) Evitar la manipulación manual.

23. b) Más de 3 kg.

24. c) Cuanto menor sea la frecuencia de la manipulación.

25. b) Los 35 cm.

26. a) 1 metro.

27. c) 10.000 kg.

28. b) 14º y 25º.

29. a) Doblar las piernas manteniendo en todo momento la espalda derecha, y mantener el mentón metido. No flexionar demasiado las rodillas.

30. c) Agarre regular.

31. a) Hasta 25 cm.

32. c) Dos tercios de la suma de sus capacidades individuales.

33. b) 5 kilos.

34. a) El aviso o señal por la que se informa a las personas para que sigan instrucciones específicas ante una situación de emergencia.

35. b) Alertar.

36. b) Columna seca.

37. a) Preemergencia.

38. b) Conato de emergencia.

39. d) Emergencia parcial.

40. b) Al Director del Plan de Actuación.

41. b) Son los que en una situación de emergencia acuden al lugar donde se haya producido la emergencia para intentar su control y poner en funcionamiento el sistema de alarma.

42. a) El Jefe de Intervención.

43. d) El Equipo de Alarma y Evacuación (EAE).

44. a) 50 m².

45. b) 100 personas.

46. c) 594 x 594 mm.

47. a) 1,20 metros sobre el suelo.

48. a) 5 metros.

49. c) 50 metros.

50. c) Específico para fuegos de gases.

Cómo acceder al Curso

Subalterno (Agrupación profesional de personal funcionario de la Administración General)
Test del temario

El uso de los códigos **es exclusivo de los compradores de los productos de Editorial MAD**. Cada producto posee un código único y de un solo uso. Es personal e intransferible y da acceso a servicios y contenidos adicionales. Editorial MAD se reserva el derecho de hacer cuantas comprobaciones sean necesarias para identificar al legítimo poseedor del código y dejar de dar servicio a quien haga uso fraudulento del mismo, además de emprender cuantas acciones legales estime oportunas según la legislación vigente.

Deberás acceder a:

mad.es/registro-campus

Si una vez aceptadas las condiciones de uso del Campus decides hacer uso del mismo, necesitarás del siguiente código de acceso junto con los códigos del resto de títulos que se exigen (si fuera el caso):

621A9FKXTC